KYOTO
TACHIBANA
FOOTBALL CLUB

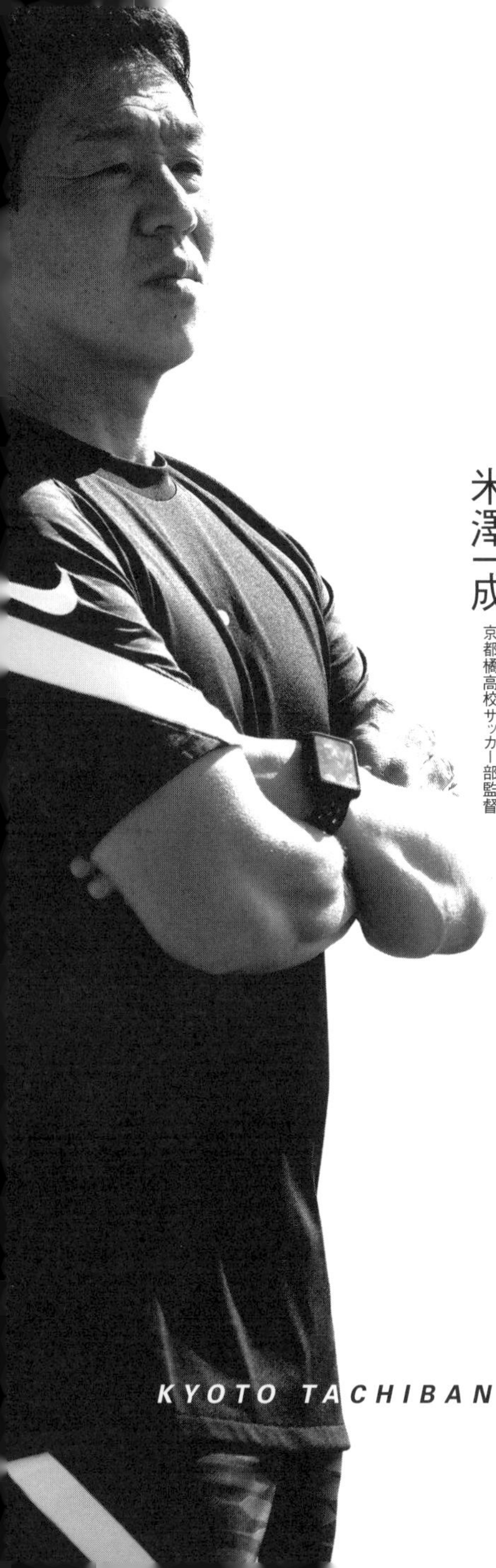

# 組織の中で個を生かす京都橘イズム

米澤一成
京都橘高校サッカー部監督

KYOTO TACHIBANA FOOTBALL CLUB

まえがき

2000年、京都の私立女子高校が共学に変わり、43人の男子が入学してきました。そのうち7人が「サッカーがしたい」「サッカー部を作りたい」と声を上げてくれたところから、京都橘高校サッカー部の歴史が始まりました。

僕は創部と同時に、サッカー部の指導者として赴任しました。2001年、26歳の頃でした。

自分が学校に貢献できることといえば、サッカーで共学をアピールすること。選手たちに「世間から、女子校に通っていると思われることのないようにしたい」「ロイヤリティやプライドを持たせたい」という想いがありました。

サッカー経験者はほとんどいない。部員も少ない。グラウンドも小さい。マイクロバスなどの移動手段もなく、マイナスの要素を言い出したらキリがない状態でしたが、毎日が刺激的で充実していました。

なぜかというと、創造する喜びと選手が成長する姿を感じることができたからです。選手は純粋で前向き。試合に勝てなくても、毎試合サッカーを学んでいました。

当時は僕も一緒になって練習し、人数が足りないときは、練習試合に出場することもありました（笑）。指導者というよりは、キャプテンのような存在だったかもしれません。

そんな日々が、指導の原点です。

選手のレベルと指導者の年齢、経験によっても変わりますが、体が動く間は、選手と一緒にプレーする時間があっても良いと思います。

大切なのは「選手に何を伝えたいか」です。その伝え方は千差万別。指導者のキャラクターに合わせて、方法は無限にあります。

指導者は「この選手に、将来どうなって欲しいか」というイメージを持つことが大切です。選手の特徴や才能を見て、ポジションをコンバートすることや、チームの中で機能するように、他の選手を含めた全体のバランスを整えることも必要です。

選手自身がなりたい選手像と、その選手が持っている才能が別のところにあることが、よくあります。この本のタイトルにある「組織の中で個を生かす」は、ここから来ています。

京都橘高校サッカー部は、キャッチフレーズとブランド化を大事にしてきました。それが「ダッチフットボール」や「和魂洋才」などです。キャッチフレーズには短い言葉で共通理解ができることと、チーム以外の人にもイメージしやすい利点があります。

それは、何のイメージもないチームに色を付けていくような作業です。

ブランド化は「自分たちがどのようなイメージになるか」です。そのためにはチームでの取り組みや結果の他に、外部の力を借りることも必要です。

京都橘高校サッカー部は、ナイキのユニフォームを着用させてもらっています。ナイキにはスタイリッシュでグローバルなイメージがあり、時代の先端を創る影響力は素晴らしいものがあります。

すでにイメージのついている企業とコラボレーションすることによっても、自分たちのブランド化は進んでいきます。

京都橘高校サッカー部は、２０２1年に20周年を迎えました。

最初は専用のボールもなかったサッカー部の軌跡と自分の歩みを、この本にまとめました。

公立高校でスカウト活動ができないチーム、私立高校で施設などを含めた条件が揃わないチーム。さらにはカテゴリーの違うチームや企業の方の参考になれば幸いです。

Chapter 01 京都橘からプロ入りした10人



Chapter 02 選手権で旋風を巻き起こす

## Chapter 03 全国常連へと成長



## Chapter 04 サッカーと日本舞踊の両立



CONTENTS

## Chapter 05 指導者人生の始まり



## Chapter 06 タチバナスタイル

## Chapter 07 特別対談



CONTENTS

構成：鈴木智之
カバー・本文写真：南伸一郎（Studio F-ROG）
本文写真：YUTAKA/ アフロスポーツ
長田洋平 / アフロスポーツ
新井賢一 / アフロ
写真提供：京都橘高校サッカー部
装幀・本文組版：布村英明
編集：柴田洋史（竹書房）

# 京都橘から
# プロ入りした10人

Chapter
**01**

KYOTO TACHIBANA FOOTBALL CLUB

# FWとGKにプロになる選手が多い

京都橘高校サッカー部は、2001年に創設されました。2021年で創部20周年を迎えます。学校は京都府京都市伏見区にある、男女共学校です。

僕はサッカー部の創部当初から監督を務めさせてもらっています。

おかげさまで、高校選手権準優勝（2012年度）、3位（2013年度）、インターハイ3位（2019年度）を始め、みなさんの協力のもと、多くの成果をあげることができました。

京都橘出身のJリーガーは10名。2021年度に卒業予定の木原励は、浦和レッズに進むことが決まりました。

ちなみに、京都橘出身のプロ選手はFW（アタッカー）とGKしかいません。仙頭啓矢、小屋松知哉、岩崎悠人（すべてサガン鳥栖）、中野克哉（京都サンガF.C.）、河合秀人（松本山雅）。そして西野太陽（徳島ヴォルティス）、木原励（浦和レッズ内定）。GKは永井建成（FCティアモ枚方）矢田貝壮貴（AC長野パルセイロ）、西川駿一郎（アスルクラロ沼津）。〈所属はすべて2021年時点〉

よく「FWとGKばかりがプロになっていますが、何か秘訣があるのでしょうか?」と訊かれることがあります。

ＦＷに関して思い当たることがあるとしたら、「チームとしてのプレーを重視した上で、アタッカーにはある程度の自由を与えているから」ではないでしょうか。

僕は大学時代、オランダ人のアーリー・スカンス監督のもとで選手としてプレーし、オランダサッカーを学びました。指導者としてのベースは「ダッチビジョン（オランダ式スタイル）」です。それをもとに、京都橘の選手たちに合わせて指導をしています。

チームのスタイルとして、ボールを保持しながら主導権を握り、相手を動かしながら、縦に素早く攻めるところに重点を置いています。

そのようなサッカーの考え方を身につけることで、その選手が持っているスピードや裏への抜け出しなどが発揮しやすい状況になり、プレーの正確性や幅が広がった結果、プロのスカウトの方に評価してもらえるようになっていくのではないかと思っています。

京都橘の攻撃はボールポゼッションをベースに、個々が縦に素早く仕掛けていくスタイルです。２０１２年度の選手権で準優勝したときの、仙頭や小屋松のプレーを思い浮かべていただくと、イメージが湧きやすいかもしれません。

チームとしてプレーするビジョンがある中で、選手の個性、特徴をどうやって伸ばしていくか。そこが大切です。

とくにアタッカーに関しては、生まれ持った能力や才能が重要なポジションなので、細かい技術や動き出しなどは指導しますが、プレーのアイデアに関してはあまり僕が指示をせず、彼らの感性に任せる部分が大きいです。

西野や木原のように、中学生の時点で将来性があり、所属していたJクラブ（西野は徳島、木原はC大阪）から評価されていた選手を預からせてもらったのだから「この子たちを絶対にプロにしなければいけない」「成長させて、次のステージに送り出さなければいけない」という強い信念のもと、指導にあたっています。

## ボールの奪われ方が上手い、仙頭啓矢

2012年度の高校サッカー選手権大会で、準優勝したときの立役者が仙頭啓矢です。

彼は大阪出身で、中学時代はFCグリーンウェーブというクラブチームに所属していました。僕はそのクラブの監督と知り合いだったので「こういう子がいるんやけど、見てくれへん？」と言われたのが、最初の出会いでした。

その後、練習に参加してもらい、プレーしている姿を見たところ、ボールの持ち方が良く、「これはいい選手になるぞ」とピンと来ました。

当時は体が小さく、スピードもパワーも特筆すべきものはありませんでした。ただボールタッ

攻撃のキーマンで選手権準優勝の立役者・仙頭啓矢

チが力んでおらず、ターンも巧み。器用性、巧緻性に秀でた選手でした。

プレースタイルとしては、ロベルト・バッジョ（元イタリア代表）のようで、彼のプレーは「そっちにパスを出すんや」と思わせることが多く、2つの選択肢があるときに、あえて難しい方を選ぶ選手でした。

難しい選択肢を選ぶので、相手にインターセプトされたり、ボールを奪われることも多くなります。彼のプレーを見ながら「やっぱり、そっちのパスは通らんわな」と思いながらも「仙頭については、あまりうるさく言わんとこう」と思っていました。

彼には「もうちょっと我慢して、見守ってみようかな」と思わせる能力、期待感があったのです。

彼は「いつでも、どこにでもパスを出せる」というボールの持ち方ができる選手でした。そして、ボールの奪われ方も上手でした。

仙頭がボールを持つと、相手は必死になって奪いに来ます。そこで仮に取られたとしても、決定的なピンチを招く奪われ方はしないのです。

彼の場合、相手の矢印がこちらのゴールに向いている状況でボールを奪われることはほとんどなく、奪われる場合は、自分と相手の矢印が、横や後ろに向いているときだけです。

そのため、たとえボールを奪われたとしても、味方も守備の体勢に入っているので、奪い返しやすくなります。相手のカウンターアタックにつながらないので、ピンチにはなりません。

仙頭がいた頃は、いま以上にボールを保持して攻めることにベクトルが向いていたので、マイボールになると、選手がピッチの幅と深さをとるポジショニングをします。

そうすると選手間の距離が空くことになり、その状況でインターセプトされるとピンチを招いてしまいます。

しかしながら仙頭はボールの奪われ方が良いので、カウンターを受ける心配もなく、ボランチの選手と関わりながらボールを動かしたり、スペースを埋めたり、サイドに流れて起点を作ったりと、攻撃のキーマンになっていました。

選手権で準優勝したときは「ゾーン」に入っていましたよね。どのプレーをしても成功するというか、ベンチから見ていて「こんなことあるんやな」と驚くほどでした。

　このときのチームは仙頭がいて、縦への抜け出しが得意な小屋松知哉がいて、ボランチには運動量に優れた、釋康二と宮吉悠太がいました。

　縦に速い小屋松と走れるボランチの間を、仙頭が巧みにつないでいました。だからこそ小屋松は前に残って、相手ゴールに迫るプレーに専念することができたのだと思います。

　準優勝の原動力になった仙頭ですが、決勝戦ではPKを外してしまいました。それも、サッカーではあるあるというか……。

「お前、バッジョが好きって言うとったよな？　バッジョもW杯の決勝でPK外したもんな」といじったりもしていました（笑）。

## プレースタイルに合った大学へ進む

　高校時代、彼によく言っていたのが「学校の中で期待されている、サッカー部の選手像がある。それに応えられるようになろう」ということです。「そこがしっかりできなければ、サッカーが上手いとか、全国大会で活躍したとかは関係ないで」ともよく言っていました。女の子の目を気にして、制服のズボンをわざと下げて履いていたら「これなんやねん」と言いながら持ち上げたこともありました（笑）。

仙頭は賢い子なので、ちゃんと言えばわかってくれましたし、勉強もできました。必死に勉強を頑張るタイプではないのに、成績はオール4以上だったと思います。ポイントを理解するのが上手く、それはサッカーのプレーにも通じるところがあります。

頭の回転が速く、物事を要領よく進めることができたので、もしサッカー選手にならなかったとしても、他の仕事で成功していたのではないでしょうか。

彼は高校卒業後、東洋大学に進学しました。当時、東洋大の監督をしていた古川毅さんとは、彼が京都サンガF.C.のアカデミーで指導をしていた頃からの知り合いで、僕と一緒に国体のコーチをしていた関係性でもあります。

古川さんに預ければ、仙頭のプレースタイルを活かしてもらえると思ったので、選手権で活躍する前の段階で「こんな選手がいるんですけど、見てもらえないですか？」と連絡をして、大学の練習に参加させてもらいました。

後日、古川さんから連絡をもらい、「仙頭君、違いを見せつけましたよ」と評価してくれました。それがきっかけで、練習参加の時点では一度も全国大会に出ていなかったにも関わらず、推薦で獲ってもらうことになりました。

仙頭は古川さんのサッカーに合うと思っていましたし、彼自身も「古川さんのこだわりは勉強になります」と言っていたので、良い大学に受け入れてもらえて、その後プロになったので、本当に良かったです。

仙頭はプロになってプレーに力強さが増し、今ではサガン鳥栖で中心選手として活躍しています。彼を中学時代から見ていますが「あのタイプがこうなるんや」と勉強になった選手です。

## 成績はオール5の小屋松知哉

小屋松は京都の宇治FC出身です。彼を一言で現すと「考えて努力ができる選手」です。1年生のときから、マーカーを置いて、ステップやターン、ダッシュなど走り系の自主練をよくやっていました。

普通、自主練と言えばシュートや1対1などをする子が多いのですが、小屋松が取り組んでいるメニューを見て「こいつすごいな。そんなトレーニングをするんや」と驚いたことを覚えています。

彼が高校1年生のときに「左足でシュートを打てるようになろう」と助言をしました。僕は基本的に、利き足でしっかりボールを蹴ることができれば、逆足はそれほど蹴ることができなくてもいいと思っています。

エースとして、キャプテンとしてチームを引っ張ってくれた小屋松知哉

「ベッカムは右足、ロベカルは左足だけでトップに上り詰めた」という話から「得意な足で、完璧なキックができるようにしよう」と言っているのですが、小屋松はスピードを活かして裏のスペースに抜け出し、左足でシュートを打つ場面が増えるだろうと思ったので、例外的に「左足で蹴れるようになった方がええで」と言いました。

それが3年生のときの高校選手権・準々決勝の市立船橋戦の先制ゴールにつながったので、努力が実を結んだことになります。「真面目に取り組むと、いいことあるんやな」と感じた出来事でした。

小屋松のシュート練習は、あらかじめ20本など決めて、その本数を蹴ったら終わりというルールでした。

彼は「練習後の疲れた状態でシュートを打って、何本決められるかが大事なんです」と言っていました。またシュートが上手いので、バンバン入るんです。一緒に練習していた永井建成も、プロから声がかかるほどのGKなので、簡単な相手ではないのですが、しっかりシュートを決めていました。

小屋松は周りに流されず、いま自分は何をすべきかを考えて、努力ができる選手でした。しかも、ただ根性を出してハードな練習をするのではなく、そこに理屈があるというか、頑張り方を間違えないので、どんどんレベルが上っていきます。

そういうタイプなので、学業も優秀でした。成績はオール5だったので、僕が小屋松に「永井の勉強を見てあげてくれ。賢いんやから頼むわ」と言って、勉強が苦手な永井の面倒を見させたこともありました（笑）。学校の先生方からも頼りにされていて、真面目な学級委員のような感じでした。

サッカー選手としては、高校時代から華のある選手でした。プレーもそうですし、チームメイトへの影響力も大きかったです。

この学年は小屋松と永井が攻守の中心選手で、ムードメーカーの永井、背中でチームを引っ張る小屋松という役割分担でした。小屋松は多くを語るタイプではないのですが、彼が一言いうとチームが引き締まり、チームメイトからも一目置かれていました。

3年生になり、キャプテンになってからは言葉に重みが出てきました。当時、年代別代表に選ばれていたことも関係していると思います。代表で学んだことをチームに還元していましたし、それが嫌味にならないキャラクターでした。

たとえばパススピードにしても、代表に行く前と後とでは明らかに変わっていました。考えてプレーする部分の質も向上していた印象があります。

小屋松はスピードが持ち味ですが、それに頼るだけでなく、考えてプレーできる選手です。3年生になると注目されて、マンツーマンで守られることもしょっちゅうでしたが、前線から最終ラインまで降りて、相手のマークをかく乱するなど、状況に応じたプレーをし、最終的にゴールを決める場面を何度も見てきました。

## 仙頭と小屋松のホットラインでゴールを量産

選手権で準優勝したときは、仙頭とのホットラインがバッグンで、1＋1が3にも4にもなっていました。

たとえば、仙頭が右サイドに流れてボールを受けて、相手に囲まれながらアーリークロスをあげると、そこに小屋松がピンポイントで走り込んでいたり。おそらく仙頭は小屋松の動きを見ていないと思うのですが、クロスがピタリと合うんです。

以心伝心のプレーを見て「このふたりはちょっと違うな」と感じました。小屋松からすると、走り出せば仙頭からパスが出てくる感覚だったと思います。結局、決勝までの6試合、2人で10点取りました。

実を言うと、この大会の小屋松は、ふくらはぎに内出血をしていました。試合後はチームスタッフがおんぶしてバスまで連れて行くほど状態が悪く、トレーナーは「みんなが思っているよりもひどいです」と言うほどでした。

そんな状態であるにも関わらず、試合では何事もなかったかのような顔でプレーをしていました。その姿を見て「すごい根性してるな」と感心しつつ、将来のこともあるので、早く交代させてあげたいと思うこともしばしばでした。

チームの立ち上げ当初は、小屋松と宮吉悠太を2トップで組ませようと思っていました。でも最終的には仙頭と小屋松の2トップで、お互いを活かし合う形ができていたので、宮吉を中盤に下げて、仙頭をひとつ前に上げました。最終的にそのバランスをみつけることができたのが、選手権での準優勝につながったと思っています。

小屋松は勉強ができたので、早稲田大学への進学を考えていました。名古屋グランパスが熱心に誘ってくれたこともあり、最終的には高卒でプロ入りしましたが、プロになってからも通信制で早稲田大学を卒業したのは、本当にすごいことだと思います。

プロになって人間的にもひと皮むけたと言うか『やべっちF.C.』(テレ朝系)のデジっちの

コーナーで、ドラゴンボールの太陽拳の真似をしているのを見たときはびっくりしました（笑）。そんなことができるようになったのかと。高校時代、真面目でそんなキャラじゃなかったのにって。それも良い変化ですよね。

高校時代の彼は勉強もできてサッカーも上手く、自分をしっかり持っていて、先のことも考えている。大人のような高校生でした。

ちなみに高校時代、同級生が「知哉、付き合ってるんすよ。彼女いるんですよ」と僕に言ってきたことがあって「別にええやん。彼女ぐらいおるやろ」と返したのですが、それがいまの奥さんです。

## 身体能力が高かった永井建成

小屋松と同級生で、守護神として活躍したのが永井建成です。彼はFC長岡京から京都橘に来て、卒業後はロアッソ熊本に進みました。

彼を最初に見たのは、中学2年生のときでした。身体能力が高く、体がよく伸びる。将来性がある選手だと思いました。

彼の特徴といえば、大食いです。京都橘の歴史の中で、ナンバーワンの大食漢でしょう。周りが呆れるほど食べていました。漫画みたいに、テーブルにお皿が積んであるんです。よく食べて、熱心に筋トレをしていたので、高校に入ってさらに体が大きくなりました。長身で運動能力が高く、ハイボールに強かったので、それまではマンツーマンで守っていたコーナーキックで、ゾーンディフェンスをすることができました。

運動神経バツグンの永井は体育の時間にバレーボールをすると、えげつないスパイクを決めたりと、スポーツ万能で明るかったので、みんなに好かれていました。チームの中では、永井がワーワー言って盛り上げて、小屋松がぼそっと言って引き締めるという関係性でしたね。

先生方にも気に入られていて、授業の補習のときも、嫌がられずに面倒を見てもらっていました。その姿を見たときに「永井は人に好かれるから、プロに向いているな」と思いました。よく、子どもたちに「どんな選手がプロになりますか？」と聞かれるのですが、サッカーが上手いのは当然のことで、それプラス「人に好かれることが大事やで」と言っています。

GKというポジションはとくにそうですが、周囲との信頼関係が大切です。とくに若いうちは、先輩のDFにかわいがってもらえると、それが良いプレーにつながります。永井は人に好かれるタイプだったので、チーム内でも受け入れられやすいだろうと。それもあってプロ向きだと思いました。

永井は高校卒業後、ロアッソ熊本に進むのですが、練習参加に行ったときに興味深い出来事がありました。僕も一緒に行っていて、練習後にロアッソの選手たちと話をしたときのことです。

当時のFW北嶋秀朗が「先生、あの子いいけど、ちょっと動くのが速いね。僕らみたいに、最後までGKの動きを見てシュートを打ち分ける選手だと、逆を突いてゴールを決められてしまいますよ」とアドバイスをしてくれました。

その話を聞いたときに、さすが高校選手権で得点王になって、プロでもたくさんのゴールを決めた人だなと感心しました。その出来事があり、永井には「先に動かない」「我慢しよう」と言う機会が増えました。

永井は反応に優れていたので、PKも得意でした。準優勝したときの選手権の初戦はPKでした。相手の正智深谷は埼玉県予選の決勝をPKで制して、全国大会出場を決めたチームです。エースFWはオナイウ阿道選手（トゥールーズ／フランス）でした。

PK戦の準備はしており、県予選決勝で誰がどの方向に蹴ったのかはわかっていました。GKコーチがそのデータをもとに、永井の腕に相手の背番号と蹴るコースを書く様子が、テレビ中継にしっかり映っています。データどおりに永井が一本止めて、選手権初勝利。これで勢いに乗りました。

これはいまだから話せることですが、永井は勉強があまり得意ではなかったので、橘に来た

エース・小屋松と守護神・永井建成が高卒でプロ入り。京都橘初のJリーガーが2人同時に誕生した

くても、入試の結果いかんでは、入学できない可能性がありました。

そこで、僕がお世話になっている高校の先生に連絡をして「永井という良いGKがいて、橘に来たいと言ってくれているのですが、試験に受からない可能性があります。もしそうなった場合、そちらの学校の入試を受けることができますか？」と相談をさせてもらいました。

というのも、永井のサッカー選手としての能力は明らかだったので「この子はなんとしてでもプロにしてあげたい」という気持ちがあったからです。

相談した先生の学校は全国大会常連校で、プロ選手を何人も輩出しています。ちょうど橘の合格発表の日が、その学校の二次募集の日だったので、もし不合格であれば、すぐに移動して入試を受けなければいけないという綱渡りでした。

そんな中、なんとか合格。僕はその先生に会いに行き、「無事、合格できました。ありがとうございました」とお礼を言いました。

## 学校の人気者だった岩崎悠人

岩崎悠人の名前を知ったのは、彼が中学3年生のときでした。インターネットで何気なく滋賀県の中学校の大会結果を見ていたら、彦根中央中学校が優勝していました。

滋賀の中学校で強いところといえば草津のイメージがあり、彦根の学校が優勝したことに驚き、気になっていました。

しばらくして「彦根中央中に、ＪＦＡアカデミーから帰ってきた選手がいる。この子は強烈らしい。だから彦根中央中学校が優勝した」「中3だが、飛び級で高1の国体に呼ばれている」という話を聞きました。

俄然興味を持った僕は、滋賀県の国体の練習を見に行きました。

当時、僕は京都の国体の監督をしていたので、偵察に来たと勘違いされるとややこしいなと思い、物陰からこっそり見たことを覚えています。

そこで岩崎のプレーを見て、良い選手だなと思い、スカウトをするようになりました。

後から話を聞くと、僕が「橘はサッカーだけをやっていれば良いという学校ではないから、うちに来たら成長できるぞ」と言ったことが響いたようです。

岩崎は「中学時代は好きにプレーさせてもらっていたので、高校では厳しい環境に身を置かなければいけないと思っていました。そのタイミングで、米澤先生にそう言ってもらえたので、橘に決めました」と言っていました。

僕としても、岩崎にはぜひ来てほしかったので、代表活動で不在がちな小屋松がいると

数多くのJクラブからも声がかかっていた岩崎悠人。小屋松に憧れて京都橘へ入学してくれた

きを見計らって、練習に参加してもらいました。高校選手権得点王の小屋松は、中学生の岩崎からすると憧れの存在です。一緒にプレーをして、刺激を受けたようです。

岩崎はかなりの逸材だったので、Jクラブからもたくさん声がかかっていたようですが「高校サッカーがしたい」という想いで、橘に来てくれました。

小屋松を見て岩崎が来てくれたように、岩崎に憧れて西野太陽が来てくれて、木原励が続いてと、良い先輩が手本になってくれました。これが橘の財産です。

岩崎はいつもニコニコしていて、屈託がない明るい子でした。1年生のときに「お前の笑顔はガラケーの顔文字みたいやな」と言ったことがあります（笑）。

常に明るくて前向き。サッカーも勉強もできて、リーダーシップもあったので、生徒だけでなく、先生方からも好かれる学校の人気者でした。

人気度合いでは、歴代のプロ選手の中で一番だと思います。卒業式のときは、サインや写真やらで行列ができるほどで、サッカー部の3年生を送る会のときは、食事もとらずにずっとサインを書いていていました。

3年生を送る会の会場がホテルで、保護者のためにサインをして、一緒に写真を撮っていたら、ホテルの人から強制的に電気を消されるほど長引いてしまい……（笑）。

岩崎の家は滋賀県の彦根と遠方だったので終電がなくなり、僕の家に泊めました。

「おつかれさんやな。メシ食ったんか?」と訊いたら「いや、正直あんまり食べられてないです」というので、2人で食べて帰ったことが、思い出に残っています。ただ、そんなときでも嫌な顔ひとつしないんですよね。ほんまにすごいやつやなと思います。

性格的にはサッカーが大好きで負けず嫌い。まさにサッカー小僧です。こちらが「そろそろ止めよう」と言うまでボールを蹴るタイプです。それも練習という感じではなく、サッカーが好きだから、遊びの一貫としてボールを蹴っている感じでした。僕としても、こういうやつがプロになるんやなと改めて感じた選手です。

岩崎もスポーツ万能、運動神経バツグンでした。中3のときに全国中学生サッカー大会の近畿大会で負けて、サッカー部の活動が空いたときには、駅伝部に入って走っていたそうです。小学生のときは、水泳でジュニアオリンピックに出たこともあります。

運動能力は、過去にプロに行った選手の中でも飛び抜けています。短距離も長距離も速く、体に無理が効くタイプです。年代別代表でアジアの大会に出たときに、ぬかるんだグラウンドでも、いつもどおりプレーしていました。

「普段から土のグラウンドで練習しているので楽勝ですよ」と笑っていたので「お前はツチノコ(土の子)やもんな」と言って笑っていました。

岩崎はGKの矢田貝壮貴とともに、1年生のときから試合に出ていました。岩崎には「3年生を差し置いて出るんやから、先輩に可愛がられなかったらあかんぞ」と、よく言っていました。「試合に出てへん上級生が良く思わなかったらあかんで」と。

岩崎は明るく前向きなキャラクターで、用具の準備なども率先してやっていたので、みんなに可愛がられていました。サッカーの実力は図抜けていたので「悠人が出るんならしゃあない」という雰囲気を確立していました。

## 代表に行くか、橘に残るか。選択を迫られる

岩崎が3年生で、インターハイの京都府予選に臨んでいたときのことです。彼は年代別日本代表に選ばれていて、京都府予選の準々決勝と日程が重なることがわかりました。

そこで岩崎を呼んで「どうする?」と話し合いました。すると彼は「みんなの顔が浮かぶので、代表を辞退したいと思ってます」と言いました。

そこで僕は「わかった。でも、このことを俺とお前の2人で決めるのは、もしかしたら良くないかもしれん」と仕掛けました。

そしてミーティングを開き、3年生の意見を聞きました。そこで彼らは口々に「悠人は日本の宝やから、代表に行ってほしい」「日本のために戦ってほしい」「悠人と一緒にやりたい」「(イ

ンターハイが開催される）広島に一緒に行きたい」という意見があり、きれいに半々に分かれました。

3年生が意見を言い合う姿を、1、2年生は固唾を呑んで見守っています。みんなの考えが出尽くしたところで、僕が「みんなはこう言っているけど、悠人はどう思う?」と訊くと、「僕はみんなと一緒にやりたいから、代表には行かない! みんなで絶対、広島に行こう!」と泣きながら宣言しました。

その姿を見たチームメイトも号泣して「ウォー!」と大盛り上がりです。僕はそれを見ながら「お前ら、安っすい青春やなあ」と茶化しつつ、内心はめっちゃ感動していました（笑）。

岩崎は代表を辞退して、インターハイ予選に参加しました。準々決勝の相手は福知山高校。相手に守られて、後半30分まで0対0でした。ずっと攻めているのに、なかなか点が取れない。守りきられたらPK戦になり、どうなるかわかりません。嫌な展開です。

そこで活躍したのが岩崎でした。鮮やかなボーレシュートで福知山高校の守備を打ち破ると、もう1点決めて、終わってみれば3対0で勝利。スコアを見ると楽勝かと思われるかもしれませんが、内容はヒヤヒヤでした。あのミーティングがなければ、力を出せずに、守りきられてPK戦で負けていたかもしれません。

岩崎はプレーで仲間を引っ張ることのできる選手です。彼のプレーを見ていると、感動することがあります。サッカーに取り組む姿勢は素晴らしく、「ここまで徹底して負けたくないんや」と感じることもよくありました。

でもチームメイトがミスをしても怒らない。イライラしない。そして、最後には自分がゴールを決めて勝つ。そういう星の元に生まれた選手なんやろうなと思います。

彼の熱いエピソードはたくさんあって、3年生の高校選手権、京都府予選の準決勝・東山戦の前日のことです。

練習終わりに、3年生が集まってワーワー泣いていました。「なにしてんねん!?」と訊いたら、岩崎が「明日は俺も頑張るから、みんなやろうぜ!」と気合を入れたところ「ヨッシャー!」「やったるぜ!」というテンションになり、みんなで感極まって泣いていたというのです。

僕としては、彼らの熱意や想いには共感しつつ、変なテンションで試合に入るのは嫌やなと思いました。そうしたら案の定開始1分に1点入れられて、0対1のビハインドです。

そんな展開の中、岩崎は後半キックオフの前に、応援席を見ながら涙を流していました。その姿は準決勝のテレビ中継に映っています。

そこからギアがひとつ上がったのか、岩崎が2点取って、3対1で逆転勝利。そのときのプレーも強烈でした。まさに有言実行です。

岩崎は周りを惹きつける魅力があるので、プロに行っても大丈夫だろうと思っていました。

彼のご両親も素晴らしくて、お父さんがサッカー部の父母会長をしてくれていました。茨城県に単身赴任されていたのですが、毎週末試合を見に来ていました。

岩崎が代表でいないときも見に来られて、熱心にサッカー部を応援してくれていました。お母さんは控えめすぎるぐらい控えめで、その姿勢は僕も勉強になりました。あの親にしてこの子あり。だからこうなるんやと改めて実感しました。

いい意味で、岩崎が「プロに行く選手って、こういうやつなんや」というハードルを作ってくれたと思います。サッカーは当然で勉強もできて、人間性も良くてという。なかなかそんな高校生、いないですよ。

他の学校だと、サッカーが上手くてやんちゃでという子がプロに行くこともあると思いますが、うちはそういうケースはありません。これも橘の特徴のひとつかなと思います。最近だと徳島に行った西野も、浦和に行く木原もそのタイプです。

学校の先生方からも「人間的にもしっかりしている子がプロになる」というイメージを持たれていると思います。求められるものが大きいので、ちょっとかわいそうな気もしますが、それが普通になってしまっているんです。それは仙頭、小屋松、岩崎たちが作った流れだと思います。

## 1年生で選手権準優勝に貢献した中野克哉

中野克哉は元日本代表・柳本啓成さんが作ったクラブチーム（YF NARATESORO）の1期生でした。柳本さんと喋っていたときに「うちに小さい名波がおる。この子はおもろいで」と言うので見に行ったら、左利きでボールの持ち方が良く、サッカーセンスに溢れた子がいました。それが中野でした。その後、中学3年間で着実に成長し、京都橘に来てくれました。常に細かくボールに触り、素早く角度を変えることができる。それが中野の特徴です。そのため、スピードに頼らずに相手をかわしていくことができます。ボールの運び方、緩急の付け方に優れた選手でした。

彼のプレーから「ドリブルをするときは、ボールを蹴って走って触るのではなく、動きに合わせて一回一回触ることが大切なんや」と学びました。

キャラクター的には、男の子3人兄弟の末っ子なので天真爛漫。いわゆるキャプテンタイプではなく、プレーで周りを引っ張るタイプでした。

中野は1年生の秋にレギュラーになり、選手権準優勝に貢献しました。1年生のときは左ワイド、2年生のときは右ワイド、3年生のときは岩崎と2トップを組んでいました。

彼は高校3年間で様々なことを克服していった選手です。最初の挫折は1年生のとき、国体

サッカーセンス抜群で、得点感覚に優れた中野克哉は大学経由で京都サンガへ

の奈良県メンバーから落ちたことだと思います。その話を聞いたときに「中野が落ちるんや」と驚きました。

そこで僕は、当時京都の国体の監督をしていたので、中野を京都のメンバーに入れ、レギュラーとして起用しました。

そして近畿ブロック予選を勝ち抜き、岐阜で行われた全国大会に出場しました。

問題はそこからです。岐阜に入ってからの中野に落ち着きのなさというか、修学旅行感が見えたので、これはあかんと思い、試合で起用するのを止めました。

中野からすると、全国大会直前までレギュラーだったのに、本戦で外されるのは堪えたのでしょう。そこから色々と考えたのか、サッカーに対する取り組み方が変わりました。

1年生の頃は体ができていなかったので、守備面に課題がある選手でした。ただし、走って相手についていくことはできるので、それをサボらずにやり続けるといったように、真剣さがプレーに出るようになりました。

1年生の国体を経て、成長が目に見えてわかるようになってきたので、橘でレギュラーに抜擢したところ、選手権で活躍してくれました。

1年生のときの選手権は準優勝、翌年は3位、3年生のときはベスト8と、全国の舞台で結果を残し、2年連続で優秀選手にも選ばれました。それもすべて1年生のときの変化があったからだと思っています。

卒業後、関西学院大学に進むと、3年生のときに関西大学リーグの得点王になり、京都サンガに加入することが決まりました。

チームの方もサポーターのみなさんも、中野には期待してくれていると思います。サッカーセンスはあるし、左利きで、得点感覚もある。こんな選手はなかなかいません。今後はシーズンを通して試合に絡み、勝利に貢献できる選手になってほしいです。この本を通じて、エールを送ります。

## 矢田貝壮貴と西川駿一郎。同学年のGKが同時にプロになる

2021年1月、ふたりのGKが大学経由でプロになりました。それが、矢田貝壮貴（大阪体育大→AC長野パルセイロ）と西川駿一郎（京都産業大→アスルクラロ沼津）です。

2021年大学経由で同級生のGK2人が同時にプロ入りを果たした（右：西川駿一郎、左：矢田貝壮貴）

彼らは岩崎と同じ学年で、矢田貝は1年生のときからスタメンで試合に出ていました。当時、中学生のGKをスカウティングする中で、最初に目をつけたのが矢田貝でした。

時を同じくして、西川も橘に行きたいと言ってくれていたので、どうしようかと悩みました。というのも、GKで試合に出られるのはひとりだけです。将来性がある子を2人預かって、片方は試合に出られないとなると、成長も限られてしまいます。

そこで僕は「GKはひとりしか試合に出られない。それでもいいか？」と彼らに聞きました。矢田貝と西川は関西選抜のチームメイトで、とても仲の良い

間柄だったのです。

さらには、ふたりを獲っておいて、どちらか良い方を試合に出すのは嫌だったので、あえて同じ日に練習参加に来てもらいました。

当時の練習場所は桃山城の多目的グラウンド。土のグラウンドです。彼らは中学時代、土でプレーしていたので、抵抗はなかったようですが、なかには「土はちょっと……」と敬遠するGKもいました（2022年に人工芝グラウンドができるので、GKのスカウトに環境面のハンデがなくなるのはありがたいことです）。

矢田貝と西川が中学生の頃は土のグラウンドがメイン練習場だったので、こんな話をしました。

「うちにはハードはないけど、ソフト、つまり良いチームメイトがたくさんいる。その中で鍛えられることで、選手として成長していくんやで」

ふたりとも練習参加を経て「京都橘でやりたい」と言ってくれたので、入学することになりました。そしてもうひとり、仙頭啓矢の後輩でFCグリーンウェーブから来たGK高田淳一朗がいました。

高田は矢田貝、西川と比べて、少しサイズが小さかったのですが、例年であれば間違いなく試合に出ていたでしょう。それぐらいのレベルにありました。

彼は高校卒業後、サッカーをしながらセンターテストを受けて、鹿屋体育大学に入学しました。努力家で聡明で、プレーヤーとしてもレベルが高く、大学では一般入部にも関わらず、副キャプテンを務めたほどでした。

この代はGK3人の関係性が良く、それぞれの個性が違ったので、誰を起用するかで悩むことの多い学年でした。

3人のGKの中で、最初に頭角を表したのが矢田貝でした。彼は岩崎とともに、1年生の最初から試合に出ていました。サイズ的にも高校年代で通用するものがあり、シュートストップに長けた選手でした。

ゴールキックの飛距離も出ていましたし、PKも強い。落ち着いてプレーしているように見える選手だったので、経験を積ませるともっと良くなるだろうと思い、1年生のときからチャンスを与えていました。

西川はハイボールに強く、守備範囲が広いGKでした。キックも練習を重ね、矢田貝と同じかそれ以上のものを持っていました。

僕はGKをRタイプとAタイプに分けるのですが、Rはリアクション、Aはアクション型です。西川はAタイプで、シュートを止めた後のキックやビルドアップの関わりなど、自分からアクションを起こすプレーが得意でした。いわば攻撃的なGKです。

矢田貝はシュートストップを始め、どのプレーも安定している、リアクション型です。そして、2人の中間が高田です。彼も安定感があり、コーチングもできる。キックも得意でバランスのとれたGKでした。

GKは特別なポジションです。一人だけ違うユニフォームを着て、手を使うことが許されています。現代サッカーでは守備だけでなく、攻撃の第一歩としての役割も担っています。ひとつのミスが勝敗に直結するので、ある意味、勝敗を請け負わなければいけないポジションでもあります。

そのため精神的なタフさも必要ですし、プレーが失点に直結するプレッシャーを感じながらも、前向きに、アグレッシブにプレーすることが求められます。いわば、矛盾を内包したポジションとも言えます。

DFは最後の砦であるGKに頼ることができますが、GKは最終的には、自分でどうにかしなければいけません。責任や恐怖心に打ち勝つメンタルの強さも必要なので、難しい一方、ヒーローにもなれるポジションなのです。

GKのスカウティングは、将来性を重視します。ただ、サイズがあって動ける選手はJクラブが放っておかないので、橘に来てくれる選手はサイズはあるけど、技術的にはこれからというタイプか、サイズはそれほどでもないけど動けるタイプのどちらかが多いです。それも踏まえて、同じ学年に同タイプの選手が揃わないように意識しています。

## 一度も見ずに獲得を決めた西野太陽

2021年、2022年と連続して、FWの選手がプロになりました。西野太陽と木原励です。

西野は徳島ヴォルティスジュアユース出身です。彼は小学生のときに、準優勝したときの選手権をテレビで見ていて「京都橘でサッカーがしたい！」と強い気持ちを持っていたそうです。

ただ、彼は徳島のユースに昇格する可能性が高かったので、僕としては積極的に獲りにいくアクションを起こすでもなく、「徳島の方とちゃんと話をして、もろもろクリアになったら……」という程度に留めていました。

加えて、橘には寮がないので、入学するとなっ

「京都橘でサッカーがしたい」と徳島から母親と一緒に引っ越してきた西野太陽

たら京都に家を借りるなど、様々なハードルがありました。

西野が中学3年生の夏に、帯広でクラブユース選手権（U-15）の全国大会がありました。それを見に行っていた、僕が尊敬する指導者の方に「徳島の西野という選手が、うちに来たいと言ってくれています。機会があれば、見ておいてくれませんか？」と話をしたところ、その方から「この子が来たいと言っているのであれば、獲った方がいいよ」と連絡がありました。「もしかしたら、この子はプロに行くかもしれないから」と。

その後、西野はケガをしてしまったのと、徳島ユースへの昇格の可能性が残っていたので、僕の方からアクションを起こすこともできず、推薦の枠だけ確保していました。

そうしているうちに、徳島との話し合いがクリアになり、入試を受けて合格。ようやく、彼のプレーを生で見ることができました。高校入学直前の3月のことでした。

過去の選手を振り返っても、一度もプレーを見ずに獲得したのは西野だけです。それほど、帯広で代わりに見てくれた、指導者の方を信頼していたというのもあるのですが。

西野を初めて見たときに「素材は一級やな」と感じました。体のバランスが良く、ヒザ下が長い。立ち姿もスッとしていて、体脂肪が低く、筋肉の質も良さそうでした。中学時代、高いレベルでプレーしていたのも納得の選手でした。

動きがしなやかで、技術、スピードもあったので「この選手はプロに行かせないといけない」

と思いました。結果として、徳島ヴォルティスでプロになれました。橘での3年間で成長させて、育ったチームに返すことができたので本当に良かったです。

彼は身体的なアドバンテージがあったので、3年間でほとんどケガはしませんでした。それも持って生まれたものだと思います。

試合には1年生の頃から、少しずつ出していました。肉体的なポテンシャルはあったのですが、プロになるにはさらにプレーの質量を上げなければいけないと感じたので、それは彼にも言いました。

徳島から母親と姉とともに引っ越してきて、学校の側に一軒家を借りて住んでいました。練習後、すぐに家に帰って食事がとれる環境だったのも、彼の成長に寄与したと思います。

2年生になり、スタメンで出るようになりました。最初は2トップの一角で起用したかったのですが、3年生の2トップが良いコンビネーションを見せていたので、右のワイドでプレーさせることにしました。

当時のチームは左サイドに左利きがふたりいて、左サイドからクロスボールが上がることが多く、西野が右からゴール前に入ってくる形で、得点に絡むイメージを持っていました。また、右のワイドに置くことで、攻守の素早い切り替えも要求されます。守備もしっかりやり、チャンスと見るやゴール前に入っていくという、攻守両面のプレーを身につけてほしかったので、

2年生のときは右のワイドでプレーさせました。

もともと得点感覚を持っていたので、右ワイドの位置から得点に絡んでいました。そして3年生になった段階で満を持してFWで起用し、木原と組ませました。

毎年、プロに行くような選手はキャプテンにするのですが、西野はあえてそうせず、副キャプテンにしました。彼には向上心と野心があったので、キャプテンにしなくても、チームを背負ってプレーしてくれるだろうと考えたからです。

「自分が点を取って、チームを勝たせるんだ」という気持ちを常に持ってプレーしてほしかったので、「太陽がチームを勝たせなあかんで」という話をよくしていました。そのために必要なのは、点を取ることです。

彼が劇的に変わったのは、高校3年の夏休み。徳島の練習に参加してからです。別人のようになって帰ってきました。パススピード、スプリントの初速、球際、すべてが一回り強くなっていました。

シュートレンジも広くなっていて「点を取らないと認めてもらえない。プロにはなれない」と感じたようです。どこからでもゴールを狙う選手になり、相手にとって怖いストライカーへと変貌を遂げていきました。

## セレッソ大阪から来た木原励

高校3年生の西野と2トップを組んでいたのがひとつ下の木原励です。木原は岩崎の活躍を見て、「橘に行きたい」と言ってくれた選手です。

彼のことは中学生時代から知っていました。当時は「木原がいるから、このチームはうまく回っているんだな」と感じさせる選手でした。

ポジション的にはワイドや真ん中でプレーしていたのですが、ピッチ内外でバランスを取れる、取りに行っている選手なんや、賢い子なんやなと思いました。

そうやって縁の下の力持ちのようなプレーをしていると、最終的にチャンスが巡ってきます。ゴールを決めることも多く、試合を見ていて「その場面でシュートを打つんや」と感じることもあり、力のある選手だなと思っていました。

2022年度浦和レッズへの加入が決まった木原励

ただ、彼も西野と同じようにJクラブ（セレッソ大阪U-15）の主力選手だったので、僕の方からアクションを起こすことはせず、本人が希望して、セレッソとの話し合いもクリアになった段階で話をするようにしました。

木原は性格的にめっちゃいいやつで、人に好かれるタイプ。「励と一緒にやりたい」と言って、Jの下部組織から何人かが橘に来てくれました。そういう吸引力のある選手です。

木原も西野と同じように、1年生のときは途中出場でチームに慣れさせて、2年生のときからスタメンで起用しました。西野との2トップです。

当初は「同じタイプの2トップって、どうなんやろう?」と半信半疑でした。かつての仙頭と小屋松のように、片方がボールキープができてパスが上手い。もうひとりはスピードがあって、裏に抜けて点を取るといったように、違うタイプの方が、お互いの特徴を活かしながらプレーできるだろうと思っていたからです。

それもあって、最初は3－6－1のような形で、西野と木原のどちらかが中盤に降りるシステムにしていました。それからチームを作っていく中で、ふたりの関係が良くなってきたので、最終的には3－5－2になりました。

最初は西野が注目されていたのでマークされるのですが、そうすると木原が自由に動くことのできる場面が増えてきました。相手からすると、西野を抑えても木原がいるので、対応が大変だったと思います。

ふたりとも身長が180㎝以上あり、キープ力もあったので、相手に前からプレスをかけられた場合、中盤を飛ばして前線にロングボールを入れることができました。彼らが前でボールを収めることができるので、周りの選手もプレーしやすかったと思います。

木原は2年生のときに、西野と一緒にプレーしたことが大きな財産になりました。それは西野にも言えることです。ふたりは仲が良く、リスペクトしつつもライバル心を持っていたので、相乗効果で伸びていきました。

仙頭と小屋松がいたときに、1＋1が3にも4にもなるところを見てきましたが、それに似たところがあるなと、西野と木原を見て思いました。

木原の転機になったのが、高校2年生の夏です。その頃、西野は徳島の練習に参加していたので、長期間不在でした。そこで木原をワントップに起用したら大爆発。桐光学園（神奈川）や市立船橋（千葉）という名門相手にハットトリックをし、Jクラブのスカウトの方から目をつけてもらえるようになりました。

木原も西野と同じように、身体的な素質がずば抜けていました。ただ、入学当初は、僕が彼の良さを見抜けてはいませんでした。

性格的に優しく、体の線も細かったので、技術面で優れた選手なのかと思っていたのです。

でも、サッカー部でスポーツテストをすると、パワーや瞬発力の数値が頭ひとつ抜けていました。それを見て「やっぱりすごいんやな」と、考えを改めるきっかけになりました。

木原のプレーを見ていると、それほど速そうにもパワーがあるようにも見えないけど、実際に対戦した選手は、彼のすごさを感じていたと思います。

木原はケガでチームを離れることが何度かありましたが、結果として体を休める時間になったので、安定した成長につながったのかもしれません。

この年はコロナの影響で活動ができなかった期間が長かったですが、サッカーばかりしていると、体が成長するエネルギーが枯渇していきます。木原はケガで離脱した期間を回復、成長に当てることができたので、良かった面もあったと思います。

彼は浦和レッズに練習参加させてもらったことで、意識面に変化が生まれました。なかでもゴールに対する姿勢は、練習参加の前と後とで大きく変わったと思います。

浦和では日本代表クラスの選手とマッチアップするので、嫌でも鍛えられます。スカウトの方に聞いたのですが、ある選手は木原のことを「練習参加して、しばらくしてからすごく良くなったよね」と言っていたそうです。日常のレベルが変わったことで、意識に変化が生まれたようです。浦和への練習参加は、彼の成長にとって大きなきっかけになった出来事でした。

西野にしても木原にしても、プロにしなければいけない素材でした。彼らをプロに送り出すことができて、本当に良かった。サポートしてくれた方々に、感謝の気持ちでいっぱいです。

本人の努力はもちろんのこと、チームメイトと切磋琢磨し、成長してくれたことも記しておきたいです。全国各地の様々なチームと試合をさせてもらって刺激を受け、勝ったり負けたりしながら、学んだこともたくさんあったと思います。

## 夏に強いサッカー小僧の河合秀人

河合秀人は3年間で一度も選手権に出ていない選手です。出身は枚方市立第三中学校。大阪の強豪中体連でプレーしていました。

高校時代の印象は、体が細くて、ご飯を食べるのが遅い子（笑）。遠征中、僕かコーチの近くに座らせれて「秀人、早よ食え」と言われるようなキャラクターでした。

ポジションは左サイドのアタッカーでした。中央にカットインしてシュート。もしくは縦に突破してクロスをあげるプレーが得意で、2年生の頃からスタメンで試合に出ていました。

特筆すべきは夏場に強いこと。とにかく走って点を取るんです。夏のフェスティバルでは毎試合、点を取るほどの活躍を見せていました。

さらには、体型的なアドバンテージもありました。骨格はしっかりしていて頭が小さく、心肺機能が発達しているからか、胸の部分が大きい。さらには膝下が長く、ボールタッチが柔らかい。走り方も綺麗で、外国人アスリートのような体型をしていました。

ただ彼の不思議なところは、サッカーだけが上手で、体育で他のスポーツをさせると全然できないこと。水泳をしているときには「秀人、溺れてんのか？　助けたほうがいいんか？　泳いでるんか、どっちや？」みたいな（笑）。

体育は3でした。走るのが速くて、体の巧緻性もあるにも関わらず、体育が得意ではないという珍しいケースです。

ソフトボールにいたってはポジションもわからない。「ショートってどこ？」という感じでした。おそらく、小さい頃からサッ

大学経由でプロになった河合秀人。現在にいたるまでずっと成長を続けている選手

カーに専門特化してきた子なんやろうと思います。

だからなのか、サッカーへの情熱は人一倍あり、何事にも考えてトライし、やり続けることのできる選手でした。

卒業後は大阪学院大学経由でプロになりましたが、最近のプレーを見ていても「センスあるな」と思いますし、どんどん進化していってるなと感じます。

高校時代から現在にいたるまで、ずっと成長を続けている選手です。だからチームが変わっても、試合に出続けているのでしょう。

後輩からすると目指しやすいというか、僕としても「頑張れば、秀人みたいになれるんやで」と言いやすい、モデルケースになれる選手です。

ただ、彼には骨格の良さという身体的なアドバンテージがありました。あれほどバランスの良い選手は、なかなかお目にかかれるものではありません。それもひとつの才能と言えるのではないでしょうか。

# 選手権で旋風を巻き起こす

Chapter

# 02

KYOTO TACHIBANA FOOTBALL CLUB

## 選手権初出場で前橋育英に完敗

全国大会に初めて出場したのは、2007年の佐賀・福岡インターハイでした。この大会は1回戦で桐生第一（群馬）に1対3で敗戦。

高校選手権に初出場したのは、2008年です。京都橘の監督になって8年目のことでした。このときは「行きたかった場所に、ようやくたどり着けた」という気持ちが大きかったです。それと同時に「このタイミングで、練習試合をしてもらえる相手を増やしたい」と考えました。

全国大会に出場すると、同じようなレベルのチームと練習試合をしてもらえるようになります。強化のためには大事なことなので、このタイミングを逃さないように、他チームの指導者とのつながりを強くしたいと思っていました。

たとえば御殿場に行ってフェスティバルに参加するときも、全国大会に出るようになると、同じようなレベルのチームと練習試合を組んでもらえるようになります。

選手にもハッパをかけて「こういうところで結果出さへんと、次も呼んでもらわれへんぞ」みたいなことはよく言っていました。

全国に一度出たからには「継続していかなあかん」という思いは強かったです。その考えになったのは、京都橘高校バレー部の名将・三輪欣之先生（前校長）に、こう言われていたからです。

「全国大会に一度出るのはそんなに難しくはない。継続して出ることが大事やで」と。ほかにも「インターハイ優勝校として、選手権予選で第一シードのプレッシャーに打ち勝って、全国に行く。夏と冬、両方優勝すること。それを継続することが難しいんや」とアドバイスをいただきました。

２００８年、選手権に初出場したときの相手は前橋育英（群馬）でした。柏の葉総合公園競技場で行われた試合は、０対2の完敗に終わりました。

この試合に向けて、できる限りスカウティングをして、対策を練って臨んだのですが、試合が始まった瞬間に「これはやばいぞ」という話をコーチとするほどでした。

前橋育英のプレッシャーが、想像以上に強かったのです。選手が面食らっているのもわかりました。相手には米田賢生、六平光成（ギラヴァンツ北九州）、中美慶哉（FCマルヤス岡崎）、皆川佑介（ベガルタ仙台）など、錚々たるメンバーがいて、彼らに好き放題やられました。

後に、山田耕介監督に聞くと、相当自信のあったメンバー編成だったようで「これが全国トップレベルのチームなんだ」と痛感しました。

この試合で前橋育英に完敗した後、「もっと堅い試合をしないといけない」と感じました。それまでは攻撃のトレーニングばかりしていたのですが、守備を固めて、相手の攻撃を耐える時間も必要だと考えるようになりました。

それまでは「ボールを握れ」が合言葉のように、トレーニングの比重を攻撃に置いていました。「自分たちがボールを持っていたら、相手は攻撃できない」と考えていたので、いかにしてボールを持つかを重視していました。

当時は、ボールを奪われた後の守備への切り替えも遅かったと思います。指導に関して、とくに「攻撃から守備」の部分は整理しないとダメだなと感じました。

ほかにもFW、MF、DFの3ラインを保ち、ゾーンディフェンスをするためには、もっと個が強くならないとあかんと思いました。個でマンツーマンができる選手がゾーンディフェンスをするから、より強固な守備になるわけです。

ほかに印象に残っているのが、前橋育英の応援団の数です。客席の空いているスペースを埋めるために、黒と黄色の育英カラーの旗が敷いてあって、その分、大応援団がいるように見えました。この圧力はすごいなと思ったので、真似してうちも大旗を作るようになりました。このような、試合に臨む準備、心構えなどは、選手権に出て初めてわかったというのが正直なところです。

最初の選手権は、まさに手探り状態でした。たとえば選手が泊まるホテルも、登録選手とスタンドで応援する選手全員を同じところにしていました。

いまでは考えられないのですが、当時は「みんな同じところにいた方がええやろ。スタッフも同じホテルのほうが楽やし」ぐらいに思っていたのです。

応援も含めて、100人近くが同じホテルに泊まりました。試合に向けてプレッシャーがかかっている選手と、応援の選手が一緒の空間にいるわけですから、どうしても気持ちに温度差が生まれます。そんなことも、初出場だったのでわかっていませんでした。

このような失敗はたくさんしています。それも経験の積み重ねです。一度、全国に出ると、ピッチ内外でいろんなことがわかります。それまでは、まだまだ田舎のチームでした。サッカー面でも、僕が全国レベルを知らなかったので、選手に落とし込めていなかった部分もあったと思います。

## 3年連続で選手権出場を逃す

2008年に選手権に初出場したのですが、そこから3年連続で京都府予選で敗退してしまいました。ここは苦しい3年間でした。なかでも2011年のチームは、手応えのあるサッカーができていました。

現在、松本山雅でプレーする河合秀人が3年生の代で、Jユースを相手にボールの握り合いができるチームでした。河合が左サイドにいて、カットインからシュートという得意な形があって、そこからチャンスを作っていました。

自信があったチームだったのですが、大事なところでカウンターやセットプレーで失点して敗戦。そのループから抜け出すことができませんでした。

というのも、橘がポゼッションサッカーをしてくるのは相手もわかっているので、対策をされてしまうんです。

サッカーは相手があるスポーツなので、本来ならば相手の出方によって変えたり、マイナーチェンジしなければいけないのですが、それよりも「もっとボールを握りたい」という方に特化してしまっていた時期でした。

スキルアップすること、立ち位置にこだわることなど、攻撃面により意欲的に取り組むことが多かった3年間だったと思います。ヘディングを始め、ボールが空中にあるときの対人やセットプレーにはあまり力を入れておらず、そこで差が出て負けた試合もありました。

苦しい3年間を経て、2012年に選手権に返り咲くことができました。この代の京都は東山高校が強くて、インターハイ予選で負けた相手でもあります。鎌田大地（サガン鳥栖→フランクフルト／ドイツ）が1年生にいて、他にも前田悠斗（AC長野パルセイロ→F.C. 大阪）、森俊介（アルビレックス新潟→奈良クラブ）、岡佳樹（ヴァンラーレ八戸）の3人がプロに進みました。

橘からは仙頭、小屋松、永井、中野と4人がプロに行くことになるので、この試合には合わせて8人、後のJリーガーがいたことになります。

## サッカースタイルの変化

夏のインターハイ予選で東山に負けた後、攻撃から守備、守備から攻撃への切り替えを速くすることに力を入れました。そして、強固な守備をベースに速く攻めて、シュートまで行けなかったら、いままで積み重ねてきたボールを保持するスタイルに変更しました。ダイレクトプレーとポゼッションの二刀流です。

小屋松、仙頭という2トップがいたので、彼らのひらめきとスピードを活かして、速く攻められるのであれば行く。ダメだったときにはポゼッションをして、攻撃の機会をうかがうスタイルにチェンジしました。

スタイルを変更した理由はもうひとつあって、それまでボールポゼッションにこだわったサッカーをしていた選手たちが、大学でサッカーを辞めてしまうケースが増えてきたのです。

これは大いに反省するところで、僕の傲慢さが出たというか、当時は「ボールを握って、相手を崩すのがサッカーや」ぐらいのことを言っていたのだと思います。

そのベースがある子たちが大学に行って、違うスタイルのサッカーを強いられる中で「こんなのサッカーじゃない」「走ってばかりでおもしろくない」「高校の時のほうが楽しかった」といった声が聞こえてきました。

当時の僕は、そう言われることに対してまんざらでもないと思っていたのです。もちろん、大学でサッカーを辞めてしまうのは悲しくて「なんで高校時代、主力だった選手が辞めてしまうんやろ」と思ってはいたのですが……。

いま振り返ると、立ち位置や動き方を教え込みすぎて、他のサッカーを受け入れられないようにしてしまっていたんです。それは僕の責任です。

いくら高校時代に良い成績を残したとしても、次のステージで活躍できる選手を送り出さなあかん。そう思い、考えを改めました。

高校生は勝負の年代であると同時に、育成の年代でもあります。そう考えたときに、しっかりと上のカテゴリーに選手を送り出すことができていない自分は、指導者としてダメ。チームとしてもダメなのではないかと思うようになり、サッカースタイルを見つめ直し、整理することにしました。

時を同じくして、インターハイ予選で東山に負けたことも影響しました。「ボールを握るのがサッカーだ」とこだわっていたら、選手権予選も勝てないかもしれない。やり方を整理して、サッカーを見つめ直そうと思ったのが、ターニングポイントになりました。

スタイルをチェンジする中で、変化が見られたのが守備面です。ボールを奪われた後に、すぐに取り返しに行く。いわゆる即時奪回を徹底しました。

それまではボールを保持して動かしながら攻めていたので、攻撃のときには幅と深さを作るため、選手間の距離が広くなっていました。その状態でボールを奪われると、帰陣が遅れたときに相手にスペースを使われ、一気にゴール前に運ばれてしまいます。

これがカウンターでの失点につながっていたので、奪われたらすぐに奪い返しに行く。それがダメであれば、自陣に戻ってブロックを作る。そこからラインを押し上げてコンパクトにして、また奪いに行くという二段構えにしました。

かつてのFCバルセロナもそうですが、ボールポゼッションをするチームは、守備時のプレッシングができなければいけません。

これを教えてくれたのが、以前、京都サンガでジュニアユースの監督をされていた、中村順さん（現・大宮アルディージャ アカデミーダイレクター）でした。僕のサッカー指導に大きな影響を与えてくれた方です。

順さんのアドバイスを受けて、選手たちに「ポゼッションをするチームはプレッシングもできないとあかん。いままでもそこでやられてきたやろ」と、何度も話をしました。

サッカースタイルを変えたことを最初に見抜いたのは、当時、野洲高校（滋賀）の監督をされていた山本佳司さんでした。

プリンスリーグで野洲と夏前に対戦して、2周り目にまた試合をしたら「だいぶ変えたな」と言われました。スタイルの変化を瞬時に見抜いたので、さすがやなと思いました。

それから「このサッカーやったら、京都を獲るやろうな」とおっしゃっていました。

そして迎えた、高校サッカー京都府予選の決勝戦。相手はインターハイ予選で敗れた、東山高校です。この日は大雨でした。ただ、それも映像を見返してから「こんなに雨降ってたんや」と気づいたほどで、そのときは試合に集中していました。

この試合は前半に仙頭、小屋松、伊藤大起のゴールで3点を奪ったのですが、後半の2分、5分と立て続けに失点し、3対2と追い上げられました。残り35分、防戦一方だったのですが、なんとか凌ぎきって勝利。4年ぶりの選手権出場を果たすことができました。

この試合で1年生だった鎌田大地は、ポテンシャルの高さと才能をすでに見せつけていました。後半に押し込まれて、うちのGKが倒れてゴールが空いていたところに鎌田がいたのですが、そこでシュートを外してくれて、なんとか3対2で勝利。助かったなと思ったのと同時に「やっぱり鎌田ってすごいんやな」と感じたのを覚えています。

この試合以降も、東山と試合をするたびに入念に準備をしました。鎌田をどう止めるかを徹底的に分析し、彼が3年生の時の選手権では、対戦までの試合でプレーした127シーンを切り取り、映像をチェックしました。「この状況で鎌田はどうプレーするか」を見抜くために必死でした。

その結果を選手に伝えて「これでやられたらしゃあない。でも、この形ではやられるなよ」と、彼の得意な形を全部消すようにレクチャーしました。

鎌田対策を万全に行い、試合に勝つことはできたのですが、彼が東山高校にいた3年間は、苦しみでしかありませんでした。

## 4年ぶりの選手権出場で旋風を巻き起こす

2012年、第91回全国高校選手権大会。4年ぶりの出場です。

この大会は「まず1勝」が目標でした。これまでインターハイと選手権に一度ずつ出させてもらいましたが、全国では未勝利。国体のコーチとしては全国3位になりましたが、監督としての勝利はありません。

そんな経緯もあり「全国では一回も勝ててへんのやなぁ。とにかくひとつは勝ちたい」という想いで大会に臨みました。

選手たちも、橘がまだ全国で一勝もしていないのを知っているので「絶対勝とう！」と気合十分でした。

初戦の相手は正智深谷（埼玉）です。相手には2年生エースのオナイウ阿道（トゥールーズ／フランス）がいました。

彼のプレーも映像で見てスカウティングしたのですが、ボールを収めることができて、速くて強い。実際の試合では、映像で見た以上の迫力がありました。

選手にはチャレンジ&カバーを徹底して守るように伝えていたのですが、スピードで行かれる場面もあってヒヤリとしました。

それでも仙頭と小屋松がゴールを決めて、2対2でPK戦の末に勝つことができました。この試合は僕の分析どうこうよりも、完全に選手の力です。

この勝利で勢いに乗りました。「全国で勝つ」という目標は達成できたので、失うものはなにもない。選手権を楽しもうという雰囲気になりました。

2回戦は仙台育英（宮城）です。相手に背の高い選手が多かったので、ちびっ子ばかりのうちの選手たちが、どう対抗するかを考えました。

相手のストロングポイントである高さ、パワーを出させずに、うちの武器であるスピードやテクニックを駆使して勝つ。そのような図式を描いていました。

とにかく怖かったのがセットプレーです。仙台育英には、卒業後ヴァンフォーレ甲府に進んだ、190㎝の熊谷駿がいました。そのサイズを前面に出されると厳しいと思っていました。

この試合も仙頭が先制ゴールを決めてくれて、宮吉、小屋松とアタッカーの取るべき選手が追加点。3対1で勝利しました。

3回戦の相手は丸岡（福井）です。丸岡の小阪康弘監督は大学の先輩でもあり、以前からお世話になっていたので、選手には「勝つことが恩返しになる」という話をしました。

結果的には小阪監督の迫力あるコーチングに、うちの選手が呑まれていました。こちらのベンチではなく、相手のベンチをちらちら見る始末です。これはあかんと思ったので、僕は普段、ベンチから大声で指示をし続けることがほとんどないのですが、選手の注意をこちらに向けさせるために、あえて積極的にコーチングをしました。そうしないと、グラウンドの11人対11人ではなく、11人対12人になるので、負けてしまうと思ったんです。

この試合は小屋松が2ゴール、宮吉と赤澤祥平が1点ずつ決めて、4対1で勝利。ついにベスト8進出です。

準々決勝は帝京長岡（新潟）との試合でした。谷口哲朗総監督とは仲が良く、試合前に「どっちか勝った方が国立に行くんやなあ」と言われて「そうですねぇ」という話をしたのを覚えています。

帝京長岡のエースは小塚和季（川崎フロンターレ）でした。彼も非常に素晴らしい選手で、今大会ではトップレベルのタレントだったと思います。練習試合で対戦したことがあったので、彼のすごさは選手も理解していました。

試合は仙頭と中野のゴールで前半に2点をリードしたのですが、後半に入ると小塚が前目にポジションをとり、そこからは手が付けられなかったです。いつゴールを決められてもおかしくなかったですが、橋本夏樹と林大樹のセンターバック、GK永井を中心になんとか守りきって、2対1で勝ちました。

この試合は、小塚の試合だったと思います。仙頭と中野が点を取りましたが、とにかく小塚のすごさが際立った試合でした。

ただ、夏から取り組んできた守備の精度、連動は上がってきていました。選手権では「みんなで強い塊（かたまり）になろう」と言っていたのですが、結束力は試合を重ねるごとに高まってきていました。

戦い方としては、先行逃げ切りです。この大会では、決勝戦も含めて全試合で先制点を取っています。選手たちには「毎試合、2点は取れるやろう。だから失点は1までに抑えよう」と言っていたのですが、帝京長岡戦はまさに2対1の試合でした。

この大会で言えば、仙頭、小屋松の2トップもそうでしたし、中野もGKの永井も、みんな当たっていました。

1戦目の後にキャプテンが胃腸炎になってしまったのですが、代わりに起用した選手が活躍してくれたりと、やることなすこと当たっていたので、準決勝もいけるんちゃうかという希望を持っていました。

## 準決勝でベストゲームを演じる

初めての国立競技場。準決勝の相手は桐光学園です。下馬評としては桐光が優位だったと思いますが、3対0で快勝。今大会のベストゲームでした。

準々決勝から準決勝まで、一週間の空きがありました。その間、中村順さんにお願いをして、大宮アルディージャのグラウンドで練習をさせてもらっていました。

それだけでも十分にありがたいのですが、大宮のスタッフから、分析を含めたアドバイスまでいただいたのです。これには、感謝してもしきれません。

この間にトライしたのが、コーナーキック時のフルゾーンディフェンスです。というのも、桐光学園は10番の松井修平が良いキッカーで、セットプレーでチャンスを作っていました。そこで順さんに「どういうふうに守ったらいいですかね？」と質問をしたら「フルゾーンディフェンスもありなんちゃうか?」とおっしゃって、アドバイスを参考に、選手の立ち位置を決め、選手に理解させて、練習に取り組みました。

いざ試合になって、相手のキッカーがコーナーを蹴るときに橘のフルゾーンディフェンスを見て、「どこにボールを蹴ればいいんだ」という素振りで、悩んでいるのがわかりました。それを見たときに、心の中でガッツポーズをしました。

この年から6年連続で選手権に出させていただいたのですが、期間中は大宮アルディージャの志木グラウンドで練習をさせてもらっていました。

順さんには何から何までお世話になり、本当に頭が上がりません。練習後、屋外で取材を受けていたら「先生、そんなところにおったら風邪引くから、中に入り」とクラブハウスを使わせてもらったりと、様々な面で気遣っていただきました。

極めつけは、この年の決勝戦。予定されていた日が大雪で、決勝戦が延期になりました。なにせ急なことなので、京都に帰っても練習をする場所がありません。そのため関東に滞在していたのですが、大宮アルディージャのみなさんが人工芝グラウンドの雪かきをして、練習する場所を開けてくれたのです。

順さんをはじめスタッフの方々が「いままで、うちのジュニアユースが関西に遠征に行ったときに、世話になったから」と協力してくださり、ほんまにありがたかったです。

## ＰＫ戦の末、準優勝

そして迎えた決勝戦。実はこのとき、決勝戦をせずに両校優勝の可能性がありました。当初、予定されていた決勝の日が大雪で延期になったことを受けて、両校の監督が事務局に呼ばれ、話し合いをしました。

結果として決勝戦を行うことになったのですが、僕としては絶対に勝負したいと思っていました。試合をして、決着がつかずに両校優勝なら納得できますが、中止でそうなるのは嫌でした。勝つにしても負けるにしても、試合をせずに両校優勝になっていたら悔いが残ったと思います。

決勝の相手は　鵬翔（宮崎）です。相手は1、2回戦、準決勝と3度もＰＫ戦を制して勝ち上がってきたので、運は持っているなと感じました。

この試合は林大樹のゴールで先制しました。しかし、後半から投入されたエースの中濱健太にチャンスメイクされ、与えたコーナーキックから同点に追いつかれてしまいました。

彼は膝を怪我していて、前半は温存していたのだと思います。橘には中濱と中学時代、同じチームだった選手がいました。「あいつ、速いっすよ」と言っていたので、注意しなければと思っていたのですが、やられてしまいました。

2-2のまま延長でも決着がつかず、PK戦の末、惜しくも準優勝

勝ち越しゴールは仙頭、小屋松のホットラインから生まれました。小屋松の折り返しを仙頭が決めたのですが、あの場面も「お互いのこと見てたんかな」と思うぐらい、一瞬の隙を突いたゴールでした。

2対1と勝ち越し、残り時間は25分ほど。選手たちは「これで行けるぞ！」という雰囲気になっていましたが、僕はベンチから見ていて「これはあかん。多分、無理やな」と思っていました。選手たちの足が止まり始めていたので、追いかける鵬翔の圧力に上回られてしまうかもしれないと感じていたのです。

「相手の方がパワーがある。どうすれば残り時間、逃げ切ることができる？ 考えろ！」。頭の中で自問自答していました。しかし、そうこうしているうちにＰＫで追いつかれて2対2。延長戦に入ると、お互い疲労の色が濃くなり、ゴールは生まれず。決着はＰＫ戦に持ち越されました。

ＰＫのキッカーは、基本的に僕が決めています。ボードに名前を並べ、「これでどうや？」と選手に聞くと「僕は後ろがいいです」とか「足にきてるので無理かもしれません」などの意見が出てくるので、それに合わせて調節していきます。

ただ、一番手が仙頭というのは毎回同じです。チームでもっとも技術がある選手ですし、彼が最初に決めることで勢いが生まれます。

決勝のキッカー、一番手は仙頭でした。サッカーでは、その試合で活躍した選手がＰＫを外すことがあります。この試合の仙頭がそうでした。彼はロベルト・バッジョが好きなので、まさか同じように決勝で外すとは！と思いましたが……。後にそれは本人にも言いました。

最終的にはＰＫ戦で負けましたが、悔いはありません。なにより、決勝戦ができたことが良かったです。

決勝戦が終わった直後から、携帯電話に連絡が鳴り止まず、取材対応をして、ホテルの方にもお祝いをしていただいて、ようやく一息つくことができました。

その瞬間、「来年ヤバいな」という言葉が思わず口をついて出ました。スタッフにも「どうしよう？」とすぐに相談しました。そのときは「（小屋松）知哉たちがいるから大丈夫じゃないですか？」ぐらいの感じで言われるのですが（笑）。

たしかに、このときのチームは1、2年生が多かったので、周囲からも「来年も橘は強い」と言われていました。しかし、バレー部の三輪先生から「3年計画やとか、下の学年の選手をたくさん試合で使ったりすると、その学年が上になったときにプレッシャーがかかるぞ」と言われていたので、その言葉が頭をよぎりました。

スタッフにも「今年は勢いで行ってもうたけど、来年、選手権に出られへんとかなったらキツイよな」とこぼしていました。

決勝戦が大雪の影響で延期になったことで、すでに京都府の新人戦が始まっていました。さらに大会の優秀選手に選ばれている、小屋松や宮吉、永井などが新チームの立ち上げ時にいません。「全国で準優勝はしたけど、今年はかなりキツイことになりそうやな」という不安が大きく頭をもたげてきました。

準優勝した日の夜には、新チームのことで頭がいっぱいでした。

## 名門校にターゲットにされる日々

2012年度の高校選手権で準優勝し、喜びに浸るのもつかの間。その週末には新チームの新人戦が控えていました。

時を同じくして、他校から練習試合の申込みが殺到しました。その状況を冷静に観察していた僕は「これはターゲットにされとるな」と感じました。

強豪校のみなさんにとって、当時の橘は「ちょうどいい相手」でした。歴史の浅いぽっと出の学校で、勢いに乗って選手権で準優勝したはいいですが、他の名門校のように、毎年のように良い選手がそろっているわけではありません。

この年の3年生は小屋松や永井などがいましたが、そこまで力のあるチームだったかというと……。それもあって、強豪校のターゲットになっていました。

なぜそう思ったかというと、かつての僕もそう考えていたことがあったからです。「このチームに練習試合で勝てば、良い雰囲気になりそうやな」「このチームは実力的に、勝つのは難しいかな」などを考えながら、その時々の練習試合を組んでいきます。

客観的に、この年の橘を見たときに「試合をしたら勝てるかもしれない。そうすればチームが勢いづくかもしれない」と思える、ちょうどいいチームだったのです。

とはいえ、練習試合のオファーがたくさん来るのはありがたいことでした。これまでは強豪校と試合をすると、相手チームがフルメンバーではないこともありました。チームの格的に同等とみなされていなかったのでしょう。

しかし全国で準優勝してからは、どのチームもフルメンバー。主力同士のガチンコで試合をさせてもらうことが増えました。

小屋松が年代別代表でいないことも多かったのですが、「こういうときこそ負けられへんで」と、選手たちに言っていました。それもあって、選手も僕もかなり鍛えられた1年間でした。

その一方でマイナスな面もありました。どのチームからも恰好の的にされて、毎週のように強豪校と試合をする日々。周囲の注目度も格段に上がります。

そんな状況が続き、選手たちの心が疲弊していきました。常に張り詰めた状態で、プレッシャーを感じながらサッカーをすると、選手たちはこんな感じになってしまうんや……と。勝とうが負けようが、周囲からいろいろなことを言われることも増えました。

選手権で準優勝した日の夜に「今年はヤバいな」と思ったのは間違っていなかったなと。準優勝が苦しみの始まりやと思ったのは、そのとおりでした。

選手たちはほんまにキツかったと思います。毎日頑張って取り組んでくれているのですが、どこか疲労感があるというか「なんか冴えへんな」という日々が続きました。

そんな状況で各地のフェスティバルに呼んでもらい、注目されながら強い相手と試合をしていました。常に「選手たちをどうやって休ませようか」と考えていた1年だったと思います。

もちろん、良い面もありました。小屋松が年代別代表でいないことがある中で、プリンスリーグからプレミアリーグに昇格できたのは、日頃から強豪校と試合をして、鍛えてもらったからだと思います。

ちなみにプレミアリーグ参入決定戦では、星稜（石川）相手に小屋松がドリブルで5人抜きして点を取りました。その試合に5対1で勝ち、プレミアリーグ参入が決まりました。しかし、同じ年の選手権で再び星稜と対戦し、0対4で敗れて、スコアの上でもチャラになるというオチがつくのですが……。

## インターハイ予選の雪辱を果たす

この代は仙頭が卒業しましたが、準優勝メンバーの小屋松、宮吉、中野、林、倉本、永井など大半が残っていました。サッカースタイル的にも前年の良い形を引き継いで、チーム作りを進めていたのですが、夏のインターハイ京都府予選ではベスト8で敗退。

正直、準々決勝で負けるとは思っていなかったので、僕も選手もかなりショックを受けました。

チームの中に「京都は勝てるやろう」というおごりとプレッシャーの両方があったのだと思います。その中で「勝ちたい」という気持ちが足りませんでした。

選手たちには「去年、全国で準優勝して、注目されているかしらんけど、お前らの力はこんなもんやで」という話をして、気を引き締め直しました。

そこから「インターハイは出られなかったけど、選手権には行かなあかん」という取り組みはできたと思います。フェスティバルなどで不甲斐ない試合をしたときは「どうせ京都ベスト8のチームなんやから、こんなもんやろ」と言って、ハッパをかけたこともあります。

インターハイの京都予選で負けてから、チームづくりは順調に進みました。選手権の京都府予選も決勝に進み、相手は洛北高校でした。この試合は過去の高校サッカー京都大会の中で、最多の観客動員だったそうです。

洛北高校は橘を研究し、小屋松を抑えるためにオフサイドトラップを多用してきました。そのような戦術で来るのは想定外だったので、開始直後から相手のペースに引きずり込まれてしまいました。

そんな中でも小屋松は賢かったので、相手の出方をうかがいながらディフェンスラインの裏に抜け出し、ゴールを決めました。このゴールが決まった瞬間、「この試合は大丈夫やな」と確信しました。

結局、スコアは3対0。夏のインターハイ予選で負けた雪辱を果たし、2年連続で選手権に出場することができました。

## 過去の経験を活かし、選手権に臨む

僕自身、選手権に出るのはこれで3度目です。回を重ねるごとに、どのような準備をして選手権に臨めばいいかが少しずつわかってきました。

初出場の２００８年大会は、選手権の出場が決まってから、初戦までの間に練習試合をたくさんしました。当時は試合に追われている感覚があったので、２回目の２０１２年大会からは練習試合の数を減らし、チームとしてすべきことに優先して取り組みました。

そこではチームのウィークポイントを向上させるトレーニングをすることもあれば、初戦の相手の対策をすることもあります。

そのスタイルで大会に臨んだところ、準優勝という結果が出たので、３回目の出場となった２０１３年大会もそのようにしました。

まず静岡県で合宿をして、大会直前に埼玉の大宮に入ります。大宮アルディージャの志木グラウンドで練習をさせてもらい、ホテルは浦和のロイヤルパインズ。そこだけは学校にお願いして、贅沢をさせてもらっています。

ホテルにはこだわりがあります。準優勝したときは、最初は池袋のサンシャインホテルに泊まり、勝ち進むにつれて埼玉のラフレさいたまとロイヤルパインズ。決勝戦の前は品川のグランドプリンスホテル高輪に泊まりました。

なぜホテルを変えるのかというと、同じところに長期間滞在すると、気分的にマンネリしてしまうからです。

僕はホテルの電灯にこだわりがあります。高級なホテルは室内の灯りがオレンジ色のことが多いです。オレンジ色の灯りだと部屋で試合の映像を見ていると眠くなってしまうので、いつも白い電球に変えています。そして、チェックアウトするときに元に戻すのですが、ある年に戻すのを忘れて、そのまま出てきてしまったことがありました。もともとあったオレンジの電球を部屋に置いておいたので、大丈夫だったとは思いますが……。

小屋松が3年生のときの2013年大会は、初戦の会場が千葉県のフクダ電子アリーナでした。そのため、スタジアムまで歩いて行ける距離のホテルに泊まりました。

前年、プリンスホテルやロイヤルパインズなど、グレードの高いホテルに泊まった経験のある選手たちは「なんか去年と違うな」と感じたと思いますが、それは僕も同じです。選手には「勝ち進むごとに、良いホテルにするから頑張れ」と言いました。

この年の初戦（2回戦）は、過去に4度選手権優勝経験のある藤枝東（静岡）。客席にはオールドファンがたくさんいて、歴史を感じました。応援バスの台数も多く、圧巻でした。

試合は藤枝東が変則的な守備とビルドアップをしてきたので手を焼きました。小屋松のＰＫ

失敗などもあったのですが、逆に永井がPKを止めたりと無失点に抑え、前年の選手権も経験した2年生の林大樹と、小屋松が代表でいない間、ストライカーとしてチームを引っ張った赤澤祥平がゴールを決めて2対0。伝統校に勝つことができました。

3回戦の相手は那覇西（沖縄）です。この試合は3対0から3対2に追いつかれるという嫌な展開でした。3点差をつけた時点で、僕の頭は次の準々決勝に向いていました。

それが良くなかったのだと思います。1点差に詰め寄られながらも、最後はなんとか逃げ切った試合です。試合終盤は「PK戦になったらヤバいな」と思っていました。何点取ろうが、最後までチームを引き締めないといけないと、勉強になった試合でした。

## 市船相手にベストゲームで勝利

そして準々決勝。相手は夏のインターハイチャンピオン、市立船橋（千葉）です。チームには石田雅俊（大田ハナシチズン／韓国）、磐瀬剛（安山グリナース／韓国）、柴戸海（浦和レッズ）、志村滉（ギラヴァンツ北九州）など後のプロ選手がいて、技術もフィジカルも高いレベルにあるのはわかっていました。

この試合は市船が3バックで来るか、それとも4バックで来るのかがポイントでした。スカウティングの結果、「3バックで来るやろう」と結論を出し、前日のミーティングで選手たちに話をしました。

相手はインターハイチャンピオン。優勝候補の筆頭です。対してうちは、インターハイ予選、京都ベスト8のチームです。

この大会を最後に、国立競技場が改修に入ることが決まっており「国立最終章」と銘打たれていました。

僕たちは前年に決勝戦まで行っていて、国立競技場を経験しています。あの素晴らしい雰囲気でもう一度試合がしたい。その気持ちは、前年を経験した選手みんなが持っていたと思います。僕自身、「歴史と伝統ある国立競技場に、もう一度行きたい。今年は優勝したい」という気持ちが充満していました。

選手たちには「この壁を乗り越えへんと、国立には行かれへん。大一番や」という話をし、選手たちも「絶対、国立行ったるで」とやる気がみなぎっていました。

小屋松や永井、宮吉、中野などは去年も国立に行っているので「今年も行くぞ!」と目線を高く持ってくれていたと思います。

そして迎えた大一番。スカウティングがばっちりハマり、前年の準決勝・桐光学園戦のようなベストゲームができました。

結果は2対0。この試合、ゴールを決めたのは小屋松です。以前から言っていた「抜け出して、左足のシュート」でゴールを決めたのを見たときは「左足も練習したほうがえぇで」と言っておいて良かったと心底思いました。

5日の準々決勝に勝ち、準決勝は11日に開催。中5日の休息が設けられました。そこで静岡県の御殿場に移動し、準決勝まで過ごすことにしました。

静岡に入ると、選手たちに異変が生じていました。精神的にも肉体的にも疲労のピークに達したのか、夏の王者・市立船橋に勝って国立行きを決めた達成感からか、どこか力が入らないようなのです。

「この空気はまずい。リフレッシュさせないと」と思い、ホテルの敷地にあった陶芸のレクレーションに参加させたりもしたのですが、どうにもエネルギーが湧いてきません。

普段は食事中もワイワイ言っているのですが、このときは妙におとなしくて、食べ終わったらすぐに部屋へ戻るといったように、チーム全体に覇気がありませんでした。

僕としても、どうにかスイッチを入れ直して、準決勝の星稜戦に向かおうと働きかけるのですが、最後までエネルギーがみなぎらないまま、国立での決戦を迎えました。

これはいまになって考えたことですが、あのとき御殿場にとどまらず、一度、京都に帰ったらどうなっていたのだろうと思います。いまの僕なら、選手たちの雰囲気が淀んでいるのを察した時点で、御殿場滞在を止めて、京都に戻ってきたと思います。

一度家に帰って、家のご飯を食べて、家の布団で寝る。束の間、サッカーから離れて気持ちをリセットして、再集合して準決勝に備えることを選択するでしょう。

しかし、当時は御殿場に滞在して、試合に向けた準備をするのがベストだと思っていました。いまとなっては違う選択肢も浮かびますが、これも経験の積み重ねなのかもしれません。

さかのぼると、プレミアリーグ参入戦のあたりから、チームは疲弊していたのかなと。広島に行って、プレッシャーのかかる試合をして、その後に選手権が始まってと、リフレッシュする暇がありませんでした。

星稜との準決勝は完璧にスカウティングされてしまい、0-4で完敗

僕も経験が少なかったので「（初戦の）藤枝東の対策をせなあかん」となっていました。プレミアリーグ参入戦が終わったタイミングで、サッカーから離れる時間を作れば良かった。その期間の過ごし方は、悔いが残っています。

星稜とは1ヶ月ほど前に、プレミアリーグの参入戦で試合をしていました。そのときは5対1で勝つことができましたが、国立最終章の準決勝では4対0の完敗でした。

参入戦での試合をもとに、完璧にスカウティングされました。ダイアゴナルにパスを入れられて、最終ラインの背後を突くというゾーンディフェンス対策をされました。頼みの小屋松も、徹底したマンツーマンで封じられて得点できず……。

肉体的、精神的にフレッシュな状態であれば、もう少し競った試合になったと思いますが、この試合に関しては星稜の方がすべての面で上だったと思います。

試合後のロッカールームでは、選手たちに「この1年間、ほんまに苦しかったな」と言いました。前年に選手権で準優勝して、注目される中で強い相手とたくさん試合をさせてもらって、成長もしたし鍛えていただいたのですが、やっぱりしんどかったです。休む間、息つく暇もなかったなと。ただ、おかげさまで実力はつけさせてもらいました。

僕は「勢いの準優勝、実力の3位」と言っているのですが、苦しい中で力をつけていった成果がプレミアリーグ昇格であり、選手権3位だったと思います。

そんな中で、小屋松はほんまによく頑張ったと思います。年代別代表にも行って、勉強もオール5。スーパーマンでした。僕も選手たちと濃密な時間を過ごさせてもらい、たくさんのことを学んだ日々でした。

# 全国常連へと成長

Chapter

# 03

KYOTO TACHIBANA FOOTBALL CLUB

## 岩崎悠人、矢田貝壮貴が入学

２０１４年度は小屋松、永井、宮吉などの主力が卒業し、選手構成が大きく変わりました。この年に入学してきたのが岩崎悠人と矢田貝壮貴です。

岩崎が入ってきたので、中野克哉と2トップにしました。ドリブルの中野と身体能力の岩崎というバランスです。

この年はプレミアリーグに昇格したのですが、Ｊユースにボコボコにされました。毎週、格上相手に負けるために遠征する日々が続いたので、かなりしんどかったです。試合は防戦一方。うちが20分、ボールを持てたら良い方で、ほとんど相手に握られていました。

一方で、インターハイや選手権の京都予選では、真逆の相手と対戦します。対戦相手のレベルも異なり、サッカー面で苦しみを味わった一年でした。

プレミアリーグは、最終節にヴィッセル神戸に何とか引き分け、勝ち点10で残留。過去に、これほど少ない勝ち点で残留したチームはないと思います。

プレミアリーグは格上ばかりで大変でしたが、守備面の強化につながりました。相手の方が力が上なので、ボールを保持されて崩されることが多い中、選手たちは守り慣れしていくというか、僕があれこれ言わなくても、自然と学んでいく環境でした。

プレミアリーグで1年間戦ったことで、改めて選手選考やスカウトに目を向ける機会になりました。もう少し、ボールを保持できる選手を増やさなければいけない。選手のクオリティを上げなければと思い、スカウトに対する考え方も変わりました。

それまでは来てくれた選手を上手くして、先輩の姿を見た後輩が「僕もああなりたい」と思い、後に続いてくれることがスカウトになると思っていました。中学時代の指導者や選手間の口コミで広まって、来たい選手が増えてくれればいいなと思っていたのです。

ちょうどこの年までは部員が100名ほどいて、人数に制限はかけていなかったのですが、翌年から1学年25人程度に絞ることにしました。

これは学校の方針でそう決まったのですが、僕としても適正人数での指導を希望していました。その方が指導が行き届くと考えたからです。

そのことから、選手の質により目を向けるようになりました。いままでは小さくて上手な選手が好きでしたが、身体能力も含めた素材感のある選手にも、来てもらえるようにならなければと思うようになりました。

おそらく、プレミアリーグでJユースの選手を見せつけられたら、誰しもそういう考えになるのではないでしょうか。この舞台で戦わなければいけないとなったときに、ある程度、選手の質が揃っていなければ難しいと。

プレミアリーグは厳しい戦いでしたが、僕も選手も考える材料をたくさんもらうことができました。リーグ戦なので、同じ相手と2試合します。前回の反省を活かして、知恵を出し切って試合に臨む。でも勝てない。どうしたらええねんとまた考えて、次に向かっていく。このサイクルを年間通じてできたのは、苦しかったですが、僕も選手もかなり鍛えられました。

その中で、勝ち点10の分だけご褒美がもらえたなと。勝ち点を取れたときは「こうやって解決するんや」と自信にもなりました。

## 選手権でベスト8進出

この年のインターハイは全国初戦で前橋育英に0対4。渡邊凌磨（FC東京）、鈴木徳真（徳島ヴォルティス）、小泉佳穂（浦和レッズ）、坂元達裕（セレッソ大阪）など、前橋育英には後のプロ選手がたくさんいて強烈でした。

この試合はあえて中野克哉をスタメンから外し、前線にロングボールを入れて、拾って攻めるスタイルで挑みました。前橋育英の中盤が強かったので、そこを飛ばしたかったのと、夏の暑い山梨での試合だったので、疲弊させる狙いがありました。

それでも、試合開始直後に渡邊にゴールを決められると、終わってみれば0対4。チームとして力の差を感じました。

選手権は3年連続で出場することができ、初戦（2回戦）の相手は第一学院（茨城）でした。相手は初出場だったので、うちの選手たちは見くびっていたというか「勝てるやろう」という雰囲気が漂っていました。

そんな中、前半を0対0で折り返すと、ハーフタイムに選手たちが「なんかおかしいな」と首をかしげていました。そこで「おかしいなやないやろ。おごりがあんねん。こんなもんやねん、全国大会は」とゲキを飛ばしました。

それで後半に中野がゴールを決めて均衡を破ると、そこから2連続ゴールで3対0。苦しみながらも初戦を突破しました。

次の國學院久我山（東京）戦は、スコレスドローの末にＰＫ戦で勝利。ＰＫはＧＫの矢田貝が頑張りました。

選手権での2試合連続完封勝利は、プレミアリーグの経験が生きたと思います。守備が破られたとしても、最後のところで間に合う感覚がありましたし、守備の要領をつかんだというか「最後のここだけやられなければＯＫ」とわかってきて、守り慣れしていました。

そして準々決勝。ベスト8です。相手は夏のインターハイに続き、前橋育英です。

選手権のトーナメントを見たときに「勝ち進んで、準々決勝で前橋育英とやりたい」と思っ

2014年度の選手権は夏のインターハイに続いて、前橋育英に0-4で敗戦

ていました。夏に見せられた差が、どれだけ縮んでいるのかを知るには良い相手です。しかし、結果は夏と同じく0対4。強かったです。クオリティが違いました。

ただ結果には悲観していないというか、ベスト8は順当だと思います。過去のチームと比べても、それぐらいの実力でした。この大会が終わって「岩崎が3年になったとき、もう一回上を狙えるかもしれない」という気持ちが湧いてきました。

2015年度も選手権に出場し、初戦は尚志（福島）との試合でした。以前から試合を重ねる中で「尚志とうちのサッカーは似ているな」と思っていたチームです。お互いにベースはボールポゼッションですが、前に速く攻めることもありますし、相手の攻撃が強ければ、守備のブロックを作って、固い守備からカウンターに出ていくこともあります。相手の出方や力関係を見て、ゴールから逆算して攻めるのは、尚志とうちの似たところだと思います。

尚志との試合はコーナーキックから失点し、0対1で敗戦。この年は選手権の京都予選・準々決勝以降、3試合連続でセットプレーから失点していました。

そのため準備はしてきたのですが、この試合もコーナーキックでゴールを奪われてしまい……。展開的にはどちらが勝ってもおかしくなかったと思います。ただ、監督の差というか、尚志の仲村浩二監督の方が上でしたね。良いゲームをさせてもらいました。

## 市立船橋との激戦

翌年の選手権は、1回戦でインターハイチャンピオンの市立船橋との試合でした。市船は杉岡大暉（湘南ベルマーレ）、原輝綺（清水エスパルス）、高宇洋（アルビレックス新潟）とプロ入りが決まっていた3人が中心でした。初戦から、優勝候補相手のビッグマッチです。

3年生になり、名実ともにエースになった岩崎悠人がチームを引っ張り、惜しいシュートを打つ場面もあったのですが、わずかに及ばず。直接FKを決められて、0対1で負けました。

“事実上の決勝戦”と注目を集めた市立船橋戦は今でも印象に残っている好ゲームだった

悔しかったですが、お互いが力を出し切ったいいゲームだったと思います。当時の朝岡隆蔵監督とは昔から仲が良くて、最近も「あの試合のクオリティは高かったよね」という話をしました。ベンチから見ていて、両チームのボールを蹴る音が違うんです。選手の質も高かったと思いますし、高校サッカーファンやメディアの方からも「名勝負のひとつ」と言っていただくこともあったので、強く印象に残っています。

２０１７年度は2回戦からの出場で上田西（長野）にPKで失点してしまい、０対1で敗戦。振り返ると、２０１５年度の尚志、２０１６年度の市船、そして２０１７年度の上田西と、3試合連続でセットプレーからゴールを決められて、０対1で敗れています。この経験から「選手権で勝つには、セットプレーも大事なんや」と痛感しています。

上田西の監督は国見高校の選手として選手権に出場された方で、試合をスカウティングしたときに「これは国見やな」と感じて、選手にも「国見やぞ」と言いました。しっかり守って、前線にロングボールを入れて、セカンドボールを拾うサッカーです。うちはそういうスタイルのチームが苦手で、徹底的にロングボールを入れられたときに、跳ね返す部分に不安がありました。

一方で「この相手に勝てたら、勢いに乗るやろな」と思っていました。また、それまでの選手権で2年連続セットプレーから失点して、0対1で負けていたので「まず1点取ろう」という話をしていました。

この試合は、上田西の徹底した戦い方に手を焼きました。さらにはGKの高木上総介が相手と交錯し、負傷退場するアクシデントもありました。そしてPKでゴールを決められ、0対1。ピッチサイドで見ながら「なかなか流れが来ない」と感じたゲームでした。

付け加えるならば、この年の3年生は、先輩たちが2年連続初戦で敗退しているところを見ていた学年です。選手権で勝つ姿を見ていないので、勝ち方を知らないというか、そこにも影響するんだと思いました。

そして2018年度。6年間続いていた選手権出場が途切れました。この年は僕が高校選抜のコーチをしていて、チームの立ち上げ時に離れていたのが、後に影響しました。

ちなみに、それまでの京都府の選手権連続出場は、釜本邦茂さんがいた頃の山城高校が成し遂げた5連覇です。

京都橘は6連覇なので、記録を塗り替えたことになるのですが、いつしか選手や保護者の中に「京都橘に行けば、選手権に出られるやろう」という思いが芽生えていたのかもしれません。そこを僕が払拭できず、痛い目を見る結果になってしまいました。

## 初出場チームに足元をすくわれる

僕としては、久しぶりに正月を自宅で過ごすことになりました。選手権をテレビで見ていたのですが「家にいたらあかんな」と思いました。「選手権は見るものではなく、出るものや」と。悔しい気持ちしかなかったです。

あえて良かった点を見出すならば、これまでの取り組みを見つめ直す機会になったこと。心身ともにリフレッシュすることができましたし、「ここから気持ちを入れ替えて、這い上がるぞ」という想いがふつふつと湧いてきました。

前年の悔しさを胸に臨んだ2019年度は、インターハイ（沖縄）で全国3位になりました。

このときの3年生は僕が担任をした生徒も多く、やんちゃな学年だったのでどうなるかと思いましたが、夏に全国3位になり、選手権にも出場を果たしました。

このチームの中心は、キャプテンの佐藤陽太でした。ガンバ大阪のジュアユース出身らしく、ボールをつなぐこと、さばくプレーは天下一品でした。

1年生のときからスタメンで起用していたのですが、入学当初はパスばかりしていたので「いつまで（ガンバの）青と黒やねん。うちはえんじと紺じゃ。戦う部分もやらなあかんぞ」とよく言っていました。

そのような経験を経て、相手を潰してボールを奪い、パスで攻撃を組み立てることのできるボランチへと成長しました。歴代のボランチを見ても、総合的にはナンバーワンだと思います。足元だけでなく、空中戦も強くて良い選手でした。

この年の選手権の相手は、初出場の鵬学園（石川）でした。この試合は松本永遠のゴールで先制したのですが、終了直前に追いつかれ、ＰＫ戦で敗退しました。

相手は初出場ですが、うちも初出場のようなマインドになってしまったというか……。

選手にも「うちは過去に選手権に出ているけど、お前らの学年は初出場やで。だから締めて入らなあかんで」という話をしたのですが、先制したのに追いつかれてしまいました。力を出しきれず、泣くに泣けない敗戦でした。

選手たちにも「どうなん？ 明日試合をしたら、勝てると思わへん？ そんな試合を落としたんやで」という話をしました。

僕としても、攻撃の組み立てやサイドの守備など、もっとシビアに詰めるべきところがあったなという反省があり、選手たちに申し訳なかったと思っています。

この代はサッカー小僧が多く、遊びでもミニゲームをやり続けるような子たちが集まっていました。前年までセットプレーで失点することが多かったので、唯一、朝練でセットプレーの練習をしたチームでもあります。

京都の大会は全部優勝して、近畿大会も制覇しました。チームとしての完成度も高かっただけに、悔いの残る終わり方でした。

## 優勝候補の昌平と激突

2020年度の選手権は西野太陽、木原励という看板2トップがいたので、大会前から注目されていました。彼らはともに180㎝以上あり、他にも大柄な選手が多く、平均身長はいままでで一番高いチームだったと思います。

そのため、これまでのように小柄でスピードのある選手が攻撃にたくさんいて、スピードと

真っ向勝負を挑んだ優勝候補・昌平との一戦は0-2で力負け

テクニックで相手をはがしていくというよりは、前線にボールを入れて、周囲がサポートをして攻めていったり、サイドに展開して相手の守備を広げてから中で勝負したり、ロングスローをしたりと、多彩な攻撃ができるチームでした。

選手権の初戦は松本国際（長野）でした。会場のNACK5スタジアム大宮では、1試合目に昌平（埼玉）対高川学園（山口）。2試合目にうちと松本国際の試合が行われる流れでした。

僕たちは昌平対高川学園の試合を横目に見ながら、ウォーミングアップをしていたのですが、優勝候補の地元・昌平が2点をリードされる展開に、ピッチから目が離せなくなりました。

埼玉会場の役員に知り合いがいたので、一緒に見ていて、彼は「2点差ですが、あと10分ある。昌平はここから来ますよ」と言っていました。試合を見ていると、高川学園の選手がどうにもしんどそうだったので「そうやな。高川の選手、足パンパンやもんな」と言っていたら、昌平が1点を返しました。

ウォーミングアップをしているうちの選手も、試合の行方が気になって仕方がありません。僕も当然同じ気持ちなのですが「試合の準備せい。もう終わりや」と言いながら、ロッカールームに戻っていきました。そうしながらも、何かが起きそうやなと思っていたら、後半アディショナルタイムに同点に追いつき、PK戦の末に昌平が勝ちました。

正直、PK戦で勝たれるのが一番嫌でした。というのも、PK戦で勝つとチームがグっと締まるんです。3対0など余裕勝ちしてくれたほうが、2回戦で対戦する僕らとしてはやりやすかったと思います。

激闘の1試合目を終えて、ついに京都橘の出番です。試合は西野と木原が2点ずつ取り、6対0で勝つことができました。

後半に入り、3点差がついてからは、次の昌平戦が頭をよぎりました。システムを変えて、違うやり方もあるよと見せて、相手を惑わせた方がいいかなとか、選手交代をどうしようかなとか。

昌平との試合は、選手権の最初の山場だと思っていました。夏にいろいろな強豪と練習試合をさせてもらう中で、昌平が一番強かったという印象がありました。その試合は0対3でしたが、6、7点取られてもおかしくない内容だったのです。

ただ、うちとしても夏からの積み上げには自信があったので「選手権でもう一度昌平とやりたい」という話はしていました。もし試合をするなら、一回戦がいいかなと思っていました。足元をすくいやすいのは初戦ですから。

2回戦の昌平戦。強豪相手に真っ向勝負を挑みましたが、0対2で力負け。夏からの差は縮まったと思いましたが、ドリブルやパスではがされ、数的優位を作られて、体力やクイックネスを削り取られていく中で、攻撃を止めることができずにやられてしまいました。

## ロッカールームでカメラを回す

高校選手権は、日本テレビ系列で中継される大会です。毎試合、ロッカールームにカメラが入り、ミーティングの様子などを撮影しています。試合後、負けたチームが行う最後のミーティング。通称「涙のロッカールーム」を見たことのある人も多いのではないでしょうか。

ロッカールームにカメラが入ることに対しては、監督会議で事前にOK、NGと返事をすることができます。うちは全面的にOKです。

選手権で準優勝したときは、ある女性の方が担当してくれていました。うちはオープンなチームなので、カメラは基本的にウェルカム。僕を始め、スタッフ、選手、マネージャーとも、次第に打ち解けていきます。

空き時間に差し入れを一緒に食べながら「大会中は撮影と編集があるから、家に帰れないんです」といった話から始まり、数日後には「大会中に彼氏ができた」と報告してくれて、チームみんなで「おめでとう！」と盛り上がったこともありました（笑）。

大会を勝ち進むにつれて、橘ファミリーの一員になっていたので、試合前に円陣を組むときも「もうカメラ回さんでええやろ。こっち来て一緒に入り」と言って、輪の中に入ってもらいました。

そのようにして、選手権に出た当初から制作の人と仲良くなっていたので、カメラを回されることへのアレルギーはありませんでした。

さらにはそれを真似して、京都予選のときから、リザーブの選手やマネージャーにカメラを回させるようにしました。

そうすると、全国大会に行っても普段どおりというか、カメラが回っていることを当たり前に感じます。変に緊張することもなくなりますし、その動画を「タチバナクラブ」のホームページにアップすると、たくさんのOBや関係者に見てもらうことができます。OBからすると「米澤のこの感じ、俺らのときと一緒やな（笑）」と思っているはずです。

撮影した素材は、モチベーションビデオにも使えるので活用しています。これは全国大会に出た翌年から始めました。

## チーム京都で全国へ

高校サッカーは日本テレビ系列局、地元新聞社などのバックアップがあり、大会として大きくなってきた経緯があります。

メディアのサポートがなければ、これほどまで全国に広がることはなかったでしょうし、多くの子どもたちが高校サッカーに憧れて、サッカーをやりたい、自分もあの舞台に立ちたいという夢を持つこともなかったでしょう。

高校サッカー選手権の京都府予選では、準決勝はテレビでハイライトが放送され、決勝戦は中継があります。

例年、準々決勝を勝つと、準決勝用に資料を提出したり、取材のテレビカメラが入ります。そして準決勝に勝つと、試合の翌日はオフにして、決勝に向けた取材日を設けます。そこではテレビや新聞、記者の方に学校に来ていただき、僕と選手が対応させてもらっています。

全国高校サッカー選手権大会に、各都道府県から出場できるのはわずか1校です（東京を除く）。つまり我々が出場するときは、京都の代表として、京都を背負って大会に臨むことになります。そして、京都府予選から取材してくれている記者の方、テレビや新聞といったメディアの方々の協力で、京都橘のニュースが全国に発信されていきます。

それはとてもありがたいことなので、基本的に取材はウェルカムで、全国大会に行ってからは、試合前日、宿舎で行うミーティングにも来てもらっています。

「明日は夜9時からミーティングをするので、良かったら来てください」とお声掛けをして、メディアのみなさんがいる中でチームのミーティングをします。

選手たちには「テレビや新聞、雑誌、インターネットで京都橘の試合や先輩たちの活躍を見て、憧れてこの学校に来たはずや。だからこそメディアの方々には、誠意を持って対応せなあかん。今度は自分たちが憧れられる立場にならなあかんねんで」という話を毎回しています。

メディアを通じて、橘のことを知ってもらう。そして、お客さんがスタジアムに見に来てくれる。その中でプレーするから上手くなるし、いつも以上のパフォーマンスを発揮することができる。僕はそう思っています。

「高校サッカーはメディアの方々や運営をしてくれている、選手権に出ていないチームの監督、選手たちの協力で成り立っている大会なんや。だからこそ、感謝の気持ちを込めてプレーしよう」。選手たちには、常々そう言っています。

選手権で勝ち進むにつれて、選手たちがメディアのみなさんに対して話す内容や態度も、しっかりしていきます。

その姿を見て「人としての成長にもつながるんやな」と感心しますし、なかには「ようこそまで配慮して喋ったな」と感激することもあります。

たとえばチームメイト、保護者、学校へ感謝を伝え、表敬訪問先であれば「京都のために」などと、状況に応じて適切な言葉で話すようになっていきます。

卒業後、プロになったキャプテンはみんなそうですし、小屋松は「やっぱり賢いな」と節々に思わせるものがありました。場面に応じて適切な言葉を選んで、伝えることが上手でした。

岩崎の言葉には感情が乗っていて、聞いている人たちの胸を打つものがありました。そこは彼のカリスマ性だと思います。

僕は高校サッカーの監督ですが、その前に学校の教員です。選手たちを大人にすることが『目的』で、試合に勝つ、全国で優勝することは『目標』です。

大人の方々が、20歳も年齢が下の高校生に対して「今日のプレーはどうでしたか?」と聞くことなんて、まずないわけです。

そんな貴重な経験をさせてもらえるのだから、できる限りの敬語で、誠意を持って対応するのは当然のこと。そのような経験は、選手を大人にしてくれます。

言い方は悪いですが、僕はそれを利用させてもらっています。選手が成長するために、他の大人と関わり、会話をすることはすごく有効です。だから取材を拒否することや「チームのことに集中したいので」といってシャットアウトすることは、ほとんどありません。

もちろんチームや監督さんによって、様々な考え方があると思います。「選手が勘違いするから」といって、取材を受けさせない場合もあるでしょう。

ただ僕の考えとしては、取材でしっかりとした受け答えをすることによって、育ててくれた親御さん、小中時代の指導者など関わってくれた方に対して、僕はこうなりましたよと報告する場であり、恩返しの場所になると思っています。

# サッカーと日本舞踊の両立

Chapter

**04**

## 4歳で日本舞踊の舞台に立つ

僕は1974年、京都府左京区で生まれ、伏見区で育ちました。育った家は京都橘高校の近くで、小さい頃は日本舞踊を習っていました。初舞台は4歳。祇園の祇園甲部歌舞練場でした。日本舞踊を始めた理由は、祖母が師範をしていたからです。母は師範でしたが、稽古は他の師匠（若柳流／若柳由美次先生）から学んでいました。

舞台に立つのは好きでした。踊り終わって、拍手をもらえるのがうれしかったんです。小さい頃から、舞台の稽古をすることが当たり前だと思っていたので、やりたい、やりたくない、好き嫌いという次元ではなく、するのが当たり前でした。

それに、定期的に舞台に立っていたので、子どもながらに下手なものは見せられないという気持ちもありました。それなりのものをお見せしたいし、師匠からも、お客さんからの見られ方や舞台に立つときの心構えなども教わっていました。

日本舞踊は楽しく取り組んでいたのですが、小学校に入ると、友達と近所の公園でサッカーをするのが楽しくなってきました。

小学4年生になると学校のクラブに入ることができるので、サッカークラブに入りたかったのですが、週末は舞台があり、サッカーと時間が重なってしまいます。そこで1年間バスケットボールクラブに入り、親に「年度末の舞台が終わったら、サッカーをしていいよ」と言われたので、5年生になってようやくサッカークラブに入ることができました。

サッカーのポジションはゴールキーパーでした。動きが素早く、ドッチボールが得意だったので、自然とキーパーになっていました。

取ったり投げたりするのが上手だったのは、小さい頃から父親と一緒にしていたキャッチボールの影響もあると思います。当時は野球もやりたかったのですが、父親が「野球は中学校に入ってからで十分や」と言っていたので、キャッチボールをしたり、父親が投げて僕が打ったりと遊び程度にとどめていました。

日本舞踊の稽古も続いていました。月曜日と木曜日の週2回、夜8時から祖母の稽古がありました。その前に師匠のところで習ってきて、帰って1時間ほど家で稽古をしていたと思います。当時は寝不足でしたが、決して日本舞踊が嫌だとは感じていませんでした。おそらく僕が「もうやりたくない」と言ったら、家族は無理して続けさせなかったと思います。結局、日本舞踊は中学3年生まで続けました。

小学校の時の将来の夢は、総理大臣になることでした。いま考えると、何言うてんねんという感じなのですが、なんでもいいので一番になりたかったんですよね。もしくは、着物を着ることに抵抗がなかったので、落語家もいいなと思っていました。小学校の文集にこの二つを「将来の夢」として書いた記憶があります。

人前で話をしたり、何かをすることは、日本舞踊の経験もあったので好きでした。いまも全校集会など、みんなの前で話すのは全然大丈夫です。緊張せずにいられるのは、日本舞踊の経験が生きているなと思います。

## 小学5年生でサッカークラブに入る

小学5年生になって、学校のサッカークラブに入りました。その時期から、日本舞踊の稽古の日をずらしてもらえたので、サッカーと両立することができました。

ゴールキーパーも楽しんでやっていましたし、なによりひとりだけ違うユニフォームを着て目立てるのがうれしかったです（笑）。PKのとき、自分にスポットライトが浴びるのも心地よかった。とにかく目立ちたがりだったんですね。

ただ、実力的に特筆すべきものはなく、地域の選抜に選ばれたこともありません。チームは京都の大会でベスト4になりましたが、僕は出られずにベンチから見ていました。キーパーとしては体が小さく、身長はクラスで5番目から8番目の間でした。高校サッカーはその頃から見ていました。選手権の予選会場に、京都の予選を見に行ったこともあります。

小栗栖小学校を卒業し、小栗栖中学校に入学するとサッカー部に入り、ゴールキーパーとしてプレーしていました。

当時はビー・バップ・ハイスクール全盛期で、荒れている学校が多く、小栗栖中も例外ではありません。小学生時代のチームメイトは次々にサッカーから離れ、不良になっていきました。

僕は小学生の時、運動神経が良くてケンカが強かったので、周りが不良になっていちびっていても、「お前、小学校のとき弱かったやんけ」などと言えるので、火の粉が降り掛かってくることはありませんでした。

中学に入ると、周りの友達がグレていく中、僕はそれが嫌で学生服もボンタンではなく、普通のものを履いていました。いまの子にボンタンと言っても、おそらく通じないでしょうね(笑)。

僕は平和主義者なので、こちらからケンカを仕掛けることはありません。だけど、弱そうな子がいじめられているのを見ると、許せなくてケンカをしたこともありました。

そんな中学時代だったので、サッカー部もひどいものでした。1年生はボールを触らせてもらえず、しごきも日常茶飯事。さすがにこれはあかんなと思っていたところ、中2のときにサッカー経験のある先生が顧問に来てくれて、そこからヤンキーの先輩たちをうまい具合に排除してくれて、ちゃんと練習ができるようになりました。そのときは「1年間、よう耐えたな」という気持ちでいっぱいでした。

練習自体は昔の練習で、ポストシュートやセンタリングシュートなど簡単なものばかりでしたが、サッカーができるだけで楽しかったです。

中学時代の成績は京都市でベスト16程度。小学生時代に上手だったチームメイトが、みんな不良になって抜けていったので、チームはそれほど強くはありませんでした。

## サッカーと日本舞踊の両立

中学生になっても、日本舞踊は並行してやってました。サッカー部の練習が終わったあと、バスに乗って師匠の稽古場まで移動して、週に2、3回は稽古に通っていました。またそれとは別に、祖母の稽古はほぼ毎日していたと思います。

祖母から「稽古は休んだらあかん」と言われていたので、家族旅行に行っても、夕食の前に旅館の浴衣を着て稽古をしてもらっていました。祖母は粋な人だったので、旅行の時の稽古で踊っていると、投げ銭やお菓子などを準備していて、投げ入れてくれました。子どもの自分にとって、非常に楽しかった思い出として残っています。

師匠一門の発表会には継続して出ていたのですが、師匠の繋がりで他の師匠の会にもお呼ばれすることもありました。基本的に女性が多い業界ですので、男の子がいると目立つというか、可愛がってもらえました。僕が生まれる前に、祖母は現役の日本舞踊の師範だったので、家にいろんな人が来ていました。また、祖父は工場を持っていて、家の敷地内で仕事をしていたので、働いている人が何人か下宿していたこともあったようです。

僕が生まれる頃には状況は変わっていましたが、家にはいつもお客さんがいて、たくさんの人とみんなでご飯を食べているというのが米澤家のイメージです。

そのような環境で育ったので、大人と関わることに抵抗はありませんでした。祖父が面倒を見ていた人が多くて、正月にはあいさつに来られていました。祖父に受けた恩を僕に返してくれる方もいて、子どもながらに「おじいちゃんはすごい人なんや」と感じた記憶があります。お年玉をたくさんもらえるので、正月が楽しみで仕方がなかったです。

僕は祖父、祖母、父、母と暮らしていたので、家族のいろんなところを受け継いでいると思います。祖父は祭り好きというか、みんなを集めてわーっとやるのが好きな人でした。サッカーには芸術的な要素もありますが、そこは祖母の影響を受けていると思います。規律やしつけは母が厳しかったですし、運動能力に関しては父親から受け継ぎました。

子どもの頃から、家族によく言われたのは「人との縁を大事にしろ」ということでした。

ご先祖様を大事にするのもそうですし、家にはめちゃくちゃでかい仏壇を置いていました。いまでもその教えは胸にあります。一期一会という言葉がありますが、いろんな選手、保護者、指導者など、みなさんとの出会い、縁を大事にしていきたいなと思っています。

## 先輩を追いかけて東稜高校へ

中学生活が終盤に差し掛かる頃、家が引っ越しをしました。それまで住んでいた伏見区から山科区への移動です。この引っ越しが、僕の人生のターニングポイントだったかもしれません。引っ越したことにより、後に中学時代の同級生と離れた高校に行くことになったのです。それまで住んでいた団地からマンションに変わり、生活環境もずいぶん落ち着きました。

地元の友達とも離れ、高校は京都府立東稜高校に進みました。東稜は小学生の頃から憧れていた高校でした。小学生時代に東稜高校が選手権の京都府予選を勝ち上がって行ったことがあり、その勇姿を会場で見ていました。当時のメンバーに今川宣久さん（現・福知山成美高校サッカー部監督）がいらして、僕と同じ小栗栖中学校出身でした。

その姿を見たときに、「小栗栖出身で、高校サッカーで活躍している人がいるんだ」と衝撃を受け、「僕も東稜に行って、今川さんのようになりたい」と目標ができました。

当時はちびっこが高校サッカーを熱心に見に行っていたのが珍しかったのか、東稜高校のマネージャーさんに「また来てるやん」みたいに声をかけてもらっていました。今川さんとは当時は面識はなかったのですが、その頃の京都府予選の雰囲気は今でもよく覚えています。

東稜高校に入学して、中学時代との練習環境の違いに驚きました。当時は昔ながらの指導だったので、土のグラウンドをたくさん走らされました。僕はキーパーでしたが、お構いなしにフィールドプレイヤーと同じ量を走らされていました。

毎日練習が夜遅くまであり、帰宅はいつも夜の10時を過ぎていました。さすがに日本舞踊との両立は難しかったので、幼少期から続けていた習い事は高校入学と同時に、終わりを迎えました。

サッカー漬けの日々を送るツケが、勉強面に回ってきました。中学時代の成績はオール5に近かったのですが、高校では勉強する時間がないので、オール3ぐらいまで低下しました。

当時の京都は全国的にもサッカーのレベルが高く、山城、洛南、東山、洛北などの強豪が上位を占めていました。東稜はその下、ベスト8か頑張って4に入れるかぐらいのレベルでした。

ちなみに僕が高3のとき、選手権で全国準優勝したのが、石塚啓次（元・ヴェルディ川崎）さんがいた山城高校です。タレントが揃っていて、とにかく強い代でした。彼は中学時代から有名でした。あるとき、「石塚が山城に行くらしい」と噂が流れたことがあって、僕も進路の候補のひとつに入れていたので、山城もよぎったのですが、当初の考えどおり、東稜に落ち着きました。

高校で試合に出るようになったのは2年生の頃です。3年生のときはキャプテンを務めました。

## 恩師に憧れ、体育教師を目指す

高校時代の恩師は由里広一先生です。僕はキャプテンをしていたので接する機会も多く、よく「自分で考えろ」「自分で判断せい」とおっしゃっていました。

練習を自分たちで考えてしたこともありますし、サッカーだけでなく、人としてどうするべきかも教えていただきました。僕自身、かなり影響を受けたと思います。親の言うことは聞かなくても、由里先生の言うことは聞いていました。

たとえば、由里先生を訪ねて学校に来られた人がいたときに、「俺が話をしている人は、間接的にお前らも世話になってるんやで。なんで、あいさつしないんや」など、そういう話はよく覚えています。

自分が教師になり、「由里先生は、生徒を自立させることが上手かったんやな」と感じます。自分で考えさせるところと、先生の方から与えることのバランスが絶妙で、当時は「由里先生、冷たいな」と思うこともあったのですが、いま振り返ると、あの距離感が男を自立させるんやなと。教師になったいま、その立ち位置や距離感は見習っています。

生徒に責任を持たせ、間違ったときは怒ることもあったのですが、諭されるというか導かれるというか。そんなスタンスで接してもらったことを覚えています。

他の先生に怒られたときに、由里先生の顔がよぎるんです。「由里先生の顔に泥を塗るようなことをしたらあかん」と、思わせてくれる人でした。

サッカー指導の面では、感覚を言語化して、「こういうとき、選手はこんな気持ちやんな。それを踏まえて、どう判断する?」ということをよくおっしゃっていました。

たとえばPK戦の前。「試合中、相手の何番が足をつったか覚えているか? その選手はどっちに蹴ると思う?」と聞かれて、答えられずにいたら「足を開いて蹴るとつりやすいので、利き足のストロングスイングの方向に来るから飛べ」とか。僕はゴールキーパーだったので、そのアドバイスどおりにプレーして止めたこともありました。

由里先生に対しては信頼と尊敬しかなかったです。生意気ざかりの高校生に「先生が言うのなら、走らなしゃあないで」という気持ちにさせるのは、自分が指導者になって改めて、そのすごさを感じます。

由里先生に出会ったことで、自分も将来、教員になってサッカーを教えたいという気持ちが芽生えました。高校時代、全国大会に行けなかったので、指導者として全国に行けるチームを作りたいという想いもありました。

浪人中は山城高校の同じ学年で、キャプテンの今渕泰史君と仲良くしていました。彼はJクラブからのオファーもあったようですが、断って大学に進学するために勉強をしていました。最終的には同志社大学を経て読売テレビに就職しました。読売テレビから日本テレビに出向した際、僕が選手権に出たときの抽選会会場に来て、僕を待っていてくれたんです。そのときは懐かしさと同時に、うれしさが込みあげてきたことを覚えています。

高校卒業後、浪人している間も社会人チームでサッカーを続けていました。今渕君と同じチームで、彼に動きを教えてもらいながら、FWとしてプレーしていました。というのも、大学でサッカーを続けるにしても、この身長でゴールキーパーは難しいだろうと感じていたからです。足は速かったので、スピードのあるFWとしてプレーするイメージを持っていました。由里先生に進路の相談をしたら、「関東の大学で、そのサイズでゴールキーパーをやるのか?」と訊かれたので、「フィールドプレイヤーをやろうと思っています」と言ったら、「それやったら、フェンシングをやれ」と言われたのです。

「お前は瞬発力があって、負けん気が強い。体の小ささもハンデにならん」と。「将来、教員になるにしても、フェンシングをしていると、国体の強化選手として引っ張ってもらえる可能性がある」とおっしゃいました。

僕の現状と将来を見据えて、的確なアドバイスをしてくれたのですが、そのときは「キャプテンまでやったのに、サッカーを続けろって言ってくれへんねや」と軽く落ち込みました（笑）。

由里先生は日体大のサッカー部出身だったので、僕も日体大を受験することにしました。

いま振り返ると、東稜高校に進んだのは今川さんに憧れたからで、日体大に進路を決めたのは由里先生の母校だからです。

そう思うと、身近にいた手本になる人に導かれて、進路を決めていったことになります。これも出会いというか、人との縁なんやなと思います。

ちなみに由里先生が退職されるときに、僕と1学年上のキャプテン（岡村勇樹さん）が中心になって、パーティーを開きました。由里先生に迷惑を沢山かけたキャプテン2人が恩返しをしないとって必死でした（笑）。それも良い思い出です。

## アーリー・スカンス監督との出会い

一浪して日体大に入学し、サッカー部に入りました。2年生のときに、母親の誕生日にBチームに入ることができて、翌年もまた母親の誕生日にAチームに上がることができました。

誕生日は10月14日なのですが、何もプレゼントを用意してへんなと思っていたので、電話をして「お誕生日おめでとう」と言って近況報告をしました。それもあって、鮮明に覚えています。

当時は部員が400人ほどいて、Aチームは25人と狭き門でしたが、3年生の10月にAチームに上がることができました。ただし、ベンチ入り20人には、最後まで入ることができず、そこは悔いが残っています。ポジションはFWからスタートして、Aチームに入ったときはサイドバックでした。

3年生のとき、僕をAチームに抜擢してくれたのが、秋田浩一監督（現・駒沢大学監督）の後を継いで監督になった、オランダ人のアーリー・スカンスでした。この人との出会いが、僕の運命を大きく変えることになります。指導者人生のキーマンのひとりです。

1、2年生の頃にAチームを指導していた秋田監督は、勝負にこだわり、ハードに戦う部分を大切にしていた方でした。そのベースがあった上で、戦術的な要素を大切にする、オランダ人のアーリーに教わるという順番は、自分にとって良かったと思います。

アーリーの指導は、選手自身が考えて、判断する要素が多いものでした。たとえば高校時代は練習で決まった形（パターン）を繰り返すことが多く、大学も2年生までは攻守の切り替えを中心に、走力が試される練習が多かったように思います。

2年生までは「Aチームに入るには、スピード、高さ、強さ、質量、フィジカルが1ランク、2ランク上がらないといけないな」と感じ、自分なりに追求していました。

そのベースがあった上で、サッカーのスタイルが変わったので、「自分にもチャンスがあるかも」と思えるようになりました。

アーリーはブータン代表の監督を務めた経験を持つなど、発展途上のチームを良くすることが好きな人でした。オランダの指導ライセンス制度で、元日本代表監督のハンス・オフトと同期らしいのですが、「オフトはトップレベルの指導に才能を発揮する監督。私は違う」と言ってました。関東1部リーグで万年8位にいた日体大に、適したタイプの指導者でした。

僕はアーリーのサッカーや人間性に惹かれていたので、たびたび一緒にご飯に行かせてもらい、ヨーロッパサッカーについてたくさんのことを聞きました。

チームのスタイルは、伝統的なオランダのウイングを生かした4－3－3です。負けが混んでくると、3－4－2－1や3－6－1に変えるのですが、そのときに「こんなシステムあるんや」と驚きの連続でした。

攻撃時に3バック、守備時に5バックになるシステムで、僕はウイングバックでトレーニングゲームに出ることが多かったです。相手によってシステムを変えることや、試合中の変更もよくあり、サッカーの知識に乏しかった自分には、毎日が刺激的でした。

指導内容は論理的で、日本人のように根性では片付けません。プレーに理屈が通ってないといけないので、キーワードもわかりやすく整理されていました。

練習もガラッと変わりました。Aチーム25人を3つのグループに分け、ここは1対1のセッション、ここは4対4、ここはポゼッションとテーマが決まっていて、選手が回っていく、サーキット形式でトレーニングをしていました。そして最後は全員でゲームをして、全体を一気に上げていくという形です。

最後に行うゲームに必要な要素が、それまでのトレーニングに組み込まれていました。1つの練習時間を短くして2周したり、ゲームは半々に分けてハーフコートでやるとか、それまで経験したことのない、おもしろい練習ばかりだったので、練習内容をノートに書き残していました。将来、指導者になったときに参考にしようと思っていたのです。

## オランダでヨーロッパサッカーを体感する

大学4年生のとき、リーグ戦が終わった1、2月に、オランダのアーリーの家に行かせてもらいました。当時、寮で2年間同じ部屋だった、三田智輝（北マリアナ諸島代表監督）と一緒に行きました。

彼もその頃から指導に興味があり、三田と僕とアーリーとでご飯に行き、サッカーのことやヨーロッパの話をたくさん聞かせてもらっていたのです。

ついに話を聞くだけでは飽き足らず、「本物を見に行こう」と思い立ちました。渡航費用を工面するため、クロネコヤマトで深夜の仕分けのアルバイトをして、30万円を貯めました。

そして念願叶い、僕と三田はアムステルダムの空港に降り立ちました。すると、あまりきれいとは言えない格好をしていた僕たちは、税関で止められてしまったのです。別室に連れて行かれ、取り調べを受けることになりました。

初めての海外旅行で英語も大して話せず、パニックになる僕たち。そこでひらめきました。三田に「みっちゃん、アーリーの名刺持ってるよな?」と聞くと、「持ってる」と言ってバッグから出しました。

それを空港職員に見せて、「この人に日本でサッカーを教わっている学生です。彼に会いに来ました」と言うと「おー！　アーリー・スカンスか」と話が通じて、無事に開放されました。三田とふたりで「アーリーってすごいんやな」と話をしたのを覚えています。

その後、無事にアーリーと合流し、サッカー漬けの日々が始まりました。電車に乗ってアヤックスの練習を見に行ったり、地元のクラブの練習に参加させてもらっていました。

僕たちがアーリーの家に行く1年ほど前に、日体大の2年後輩の坂本将貴（ジェフユナイテッド千葉コーチ）が来ていて、そのクラブに練習参加していました。

それもあって、僕たちもすぐに受け入れてもらいました。クラブのコーチが「坂本は元気か？　あいつはいい選手だった」と言っていて、彼のおかげで僕らも良くしてもらったのはありがたかったです。

ただ、チームメイトのオランダ人がめちゃくちゃでかくて、僕は「バンビーノ（少年）」と呼ばれていました。背の高さから足の長さから、すべて日本人とは違います。その中で必死になりながらボールを追いかけたことは、良い経験になりました。

選手として練習に参加させてもらいながら、アヤックスの練習を見に行く日々は刺激的でした。あるとき、U-17の練習を見ていて、ふと気がつきました。

「これって、全員ワンタッチでプレーしてないか？」と。ダブルボックスのサイズでフリーマンがサイドにいて、ワンタッチでボールをつなぎながら、わざとタイミングをずらしてクロスを入れるプレーなどをしていました。

「ヨネ、これ全部ワンタッチちゃう？」「ほんまやな、みっちゃん。うまいな」などと言いながら、感心していました。

練習見学から帰ってきてからも、常にテレビでサッカーの試合が流れているので、それを見ながらアーリーとサッカー談義をしていました。当時はアヤックスがチャンピオンズカップ（いまのチャンピオンズリーグ）で優勝した後で、サッカーの内容的にも、世界の最先端でした。

良いタイミングで貴重な経験をさせてもらったと同時に、「オランダってすごい国やな」とカルチャーショックを受けて、日本に帰りました。

# 指導者人生の始まり

Chapter

05

KYOTO TACHIBANA FOOTBALL CLUB

## 東京で指導者生活スタート

日体大を卒業し、最初の赴任地は東京の世田谷学園高校でした。就職をお世話してくれたのが、日体大サッカー部の部長を務めていた山田良樹先生です。大学生活もたくさん助けてもらい、頭が上がらない恩人です。

世田谷学園では体育教師として、世田谷区三宿にある学校でサッカー部の指導をしていました。中高一貫の進学校で国立大学や有名私大に進学する子が多く、運動より勉強が得意な子が集まっていた学校でした。

そこで非常勤講師として、中学生と高校生の体育を教えていました。ちなみにサッカー部は中学50人、高校30人の部員がいました。

当時は世田谷学園柔道部監督の持田治也先生に、公私ともにお世話になりました。柔道部の寮（講道学舎）の夕食を食べさせてもらったり、外食にもよく連れていってもらいました。

そんな1年目のある日、お世話になった山田先生から電話がかかってきました。

「米澤君は京都出身だったね。三重は近いよね？」。

話を聞くと、「三重にある熊野工業高等専門学校（現・近畿大学工業高等専門学校）が、専任の先生を探している。世田谷学園は非常勤だから、専任の方がいいだろう」ということで紹介していただきました。

京都と三重は隣接してはいますが、その学校は三重の山奥にあり、京都から車で2時間半かかる距離でした。

とはいえ、せっかく山田先生から紹介していただいた話です。それに、専任だからいいかと思って、世田谷学園に「専任で声をかけていただいたので、三重に行きます」と話をして、面接を受けに行きました。

そうしたら「ごめん。うちの学校でも非常勤でやってくれへんか?」と言われて、「こんな田舎で非常勤は無理や。世田谷のほうが絶対にええわ」と思い、一度お断りをして、世田谷学園の偉い方に「やっぱり続けさせてください」と言ったら、「もう次の人を採用したから無理です」と言われ……。三重に行かなしゃあないなと。腹を決めました。

世田谷学園は世田谷区にあり、渋谷まで歩いて30分ほどの都会です。大学時代と合わせて5年も東京にいたのに、三重の山奥にある学校で働くのか……と、複雑な気持ちで新天地に向かいました。

熊野高専では寮監督をして体育を教えて、サッカー部の指導もしていました。

当時は20代で生徒と年齢も近かったので、一緒に遊んでいたようなものです。学校は高専なので20歳の生徒もいて、一緒に食事をして、川の横に湧いている温泉に入ったり。いま思うと大学の延長みたいなことをしていました。

グラウンドにフットサルコートを作ろうとして、邪魔だった砂場を生徒と一緒に移動させたり（のちに大きな問題になりめっちゃ怒られました）、原チャリに除草剤の噴射機をつけて撒いたりと、田舎のおおらかさの中でのびのびとさせてもらっていました。熊野の雰囲気が、父親の出身地、那智勝浦に似ていたのもあって好きでした。

高専は1年生から5年生まであって、サッカー部は1～5年生までが出場する高専の大会と、1～3年生までが出場できる高体連の大会がありました。

部員は5年生まで合わせて、20人いかないぐらい。3年生までだと15人ほど。アットホームな環境で指導をしていました。

やんちゃな子たちもいたのですが、僕の中学時代もそういう子が多かったので、なんか可愛くて。「おまえ、それはあかんぞ」と注意しながら、内心は「気持ちはわかるけども」という感じでした。

僕がいた2年目から、学校の名前が近畿大学工業高等専門学校に変わり、その年の途中に、京都橘高校へ赴任する話が舞い込んできました。

僕は教育実習で母校の東稜高校に行ったのですが、実習時の女子バレー部監督の久米川達弥先生（京都府立洛東高校校長）に可愛がっていただいました。

その久米川先生と京都橘の女子バレー部監督の三輪欣之先生（京都橘高校前校長）が同期で、当時、体育主任だった三輪先生が「公立関係で、サッカー指導ができる人はおらんか？」と久米川先生に相談したところ、僕のことを思い出してくれて「三重に若くて元気なやつがおるぞ」と、紹介してくださったのです。

京都橘に面接に行ったときに「このグラウンドの広さでサッカーができるか？」と、三輪先生に聞かれました。いまとまったく変わっていない、一般的な土のグラウンドです。20年前から変わったところといったら、サッカーゴールの数が増えたぐらいでしょうか。

## 京都橘高校サッカー部誕生

京都橘は歴史のある女子校で、2000年に男女共学になりました。最初は特別進学コースから共学化するということで、初年度の男子は1学年に20人もいなかったと思います。

入学した男子1期生に、学校側が「なんのクラブがしたい？」と尋ねると、「サッカーがしたいです」と言うので、男子サッカー部を創るため、2001年に僕が呼ばれました。その年に、男子2期生の生徒が30人ほど入学してきました。

そこからサッカー部が2学年合わせて12人でスタートし、翌年に4人が入ってくれたので、

3学年揃ったときは16人ほど選手がいました。

当時はほとんどサッカー経験者がおらず、強かった女子サッカー部にボールやコーンなどの用具を借りていました。時は日韓ワールドカップ開催を翌年に控え、サッカー熱が高まっていた頃でした。

そんな中、できたばかりの京都橘サッカー部は、全国上位の力があった女子サッカー部に練習試合をお願いし、チンチンにやられていました。

僕が監督になって初年度、4月のインターハイ予選は同志社国際高校に0対6で敗戦。僕が現役の頃は負けるような相手ではなかったので、「こんなところに負けるんや……」とショックを受けました。

サッカー未経験者ばかりなので、ユニフォームの着こなしから教えました。「短パンの中にトランクスを履いたらあかんねん。スパッツ履け」など、初歩的な指導をしていました。

あるとき、練習試合のスローインの場面で、バスケのチェストパスで投げる子がいました。あの光景は忘れることができません。

練習試合を組むと「英検があるので休みます」「筋肉痛で足が痛くて動けません」という子もいて、対戦相手の監督に了承を得て、僕も選手としてピッチに立っていました。負けたくないので、攻守に関わることのできるボランチで出場することが多かったです。当時の僕は大学を出てそれほど経っておらず、体も動くので無双していました（笑）。

　このような立ち上げ期を経て、手作りのサッカー部という感じで、1つ1つが積みあがっていきました。『京都橘』とロゴの入ったボールやユニフォームが届くたびに、みんなで喜んだ日々は宝物です。

　それまでは女子サッカー部にボールやマーカー、ビブスなど、すべて借りて練習していました。自分たちの物品が増えることで、チーム愛が高まっていったように思います。

　練習着のユニフォームを生徒に選ばせたら、文字の入ったわけのわからんデザインのものを買ってきて「これはあかん。ダサイ。サッカーはこんな文化祭のTシャツみたいなユニフォームちゃうねん」と。そのようなところからのスタートでした。

　当時は新人戦が4チーム総当り、インターハイと選手権の予選がトーナメントなので、1試合も勝てないと公式戦が年間に5試合しかできません。

　サッカー未経験者ばかりのチームでしたので、初年度は5試合で全敗でした。しかし、2年目からは2回勝つことができて、少しずつ結果が出るようになってきました。

　うれしかったのが、その代から3年連続でキャプテンか副キャプテンが日体大に進学したことです。特進クラスに所属していて、スポーツよりも勉強が得意な子たちです。決して体育教師になるようなキャラクターではないのに、僕に憧れてくれたのか……。

そのときの教え子と、後に京都橘が選手権に出たときに、会場役員として再会しました。「橘の試合を担当したくて来ました」と言ってくれたのは、うれしかったです。

僕も高校時代の恩師、由里先生に憧れて日体大に行ったので、教え子を日体大に行かせることには特別な感情があります。

その後、4期生から全コースが共学になりました。共学をアピールするために、バスケットボール部とサッカー部を強化することになり、スポーツ推薦の枠をもらいました。

そこから選手の獲得を始めるのですが、女子校のイメージが強かったので苦労しました。そんな中で4人が来てくれて、その友達や知り合いも4人。合計8人の経験者が入学しました。いま思うと、それほどレベルが高いわけではなかったのですが、ある程度サッカーができる子たちと一緒にやるのはすごく楽しかったです。

そして、次の代から中学時代に京都市トレセンに選ばれた経験のある選手が来てくれるようになりました。

それには理由があります。当時の中学生の京都市トレセンの監督が山城高校出身で、僕と同学年でした。一緒に浪人していた友人だったので、中学生のトレセンと頻繁に練習試合を組んでもらっていたのです。彼らとしても、ひとつ上のカテゴリーである高校生と試合ができるので、良い経験になっていたようです。

そのようにして交流しているうちに、中学生の子たちが「京都橘ってこんなサッカーなんや」「米澤監督って、こんな指導をするんや」とわかってくれて、「京都橘でサッカーしてみない？」と声をかけたら、来てくれるようになりました。

## 中村順さんと出会い、指導の奥深さに触れる

そして監督就任6年目、ターニングポイントを迎えることになります。

当時、京都サンガF.C.ジュニアユースで監督をされていた、中村順さんとの出会いです。順さんがいなければ、選手権準優勝もなかったでしょうし、僕のキャリアもきっと違ったものになっていたでしょう。僕に「サッカーとは何か？ 指導者とは何か？」を教えてくれた人です。

順さんはドイツとオランダでサッカーの勉強をされた方で、大宮アルディージャと京都サンガでピム・ファーベーク監督の通訳をされていました。

その後、サンガジュニアユースの監督になられて、オランダスタイルでサッカーをするのを見て「自分がやりたかったのはこれや！」と衝撃を受けました。

僕自身、大学時代に体験したオランダサッカー（ダッチビジョン）を実現したいけど、うまくいかない。悩む中で様々なアドバイスをくれたのが順さんでした。

当時は中学生の京都市トレセンとよく試合をしていて、その流れで京都サンガのジュニアユースとも試合をしてもらっていました。

試合後、順さんに「選手に技術があって、4－4－2でいいオーガナイズだった」と言ってもらったことと、サンガの選手のプレーから順さんの指導力のすごさが伝わってきたので「この人、普通じゃないな。すごい人やな」と感じ、質問攻めにしました。

そうしたら疑問に全部答えてくれて「先生、これはこうやねん」「このときは、こうしたらええねん」と、わかりやすく言語化してくれたんです。

ゾーンディフェンスの仕方も、「先生、6個のキーワードでやるんやで」と教えてくれました。「まずコンパクトにして、プレッシャーをかけて、カバーリングして、コーチングして、予測して、セカンドボールを拾う。これだけでええねん」と。

順さんはオランダサッカーを勉強された方なので、とにかく説明がわかりやすい。コンセプトがあって、キーワードがあります。

日体大時代に教わったアーリーもそうですが、オランダ人はキーワードを使って説明するのが上手です。元日本代表監督のオフトも「スモールフィールド」「トライアングル」「アイコンタクト」などのキーワードを用いていましたが、まさにそれです。

順さんに教わったゾーンディフェンスもわかりやすく、選手間の距離を縮めてコンパクトにすると、誰がボールにプレッシャーに行けばいいのかがわかります。

次の選手はカバーリングのポジションをとり、立ち位置やプレスのタイミングをコーチングします。すると、次にボールがどこに来そうかという予測が立ちます。

そうやってはめていくと、相手はロングボールを蹴るしかなくなります。そこでセカンドボールに対する準備をしておくわけです。

順さんは「ゾーンディフェンスはファーストよりも、セカンドボールが重要やで」と教えてくれました。それをもとにキーワードを使って指導していくと、選手も理解しやすく、チームに浸透していきました。

チーム編成の仕方も、順さんに教わりました。

「ポジションごとに3人1セットで考えて、17人で構成するんやで」と。

具体的にはストライカー3人、ボランチ3人、センターバック3人、右サイドハーフ&サイドバックで3人、左サイドハーフ&サイドバックで3人。そこにGKが2人で17人。

この編成にしておけば、ケガ人が出てもパニックにはなりません。

これをベースに選手起用を考え、試合で使っていくなかで「このポジションはこの選手」とチームが固まっていきます。中学生をスカウトするときも、この考えを元にセレクトしていました。

サンガのジュニアユースと練習試合をするときも、順さんと隣で試合を見ながら、「先生、いまのはこうやから、こうなったんやで」と教えてくれたり、試合後はファミレスに行って、紙ナプキンにボールペンで選手の配置を書いて説明してくれたりと、学生時代にアーリーにしてもらったことを、順さんにしてもらいました。本当に感謝しかありません。

## 強豪ジュニアユース出身の選手が入学

そのような関係を続ける中で、サンガのジュニアユースに所属している選手が3人、来てくれることになりました。順さんと僕のサッカー観が似ていたので、相性が良かったのでしょう。京都の他の高校との違いを感じてくれて、京都橘を選んでもらえるようになりました。

そして彼らが2年生のとき（2006年）に、初めて選手権の京都府予選決勝に進むことができ、3年生のときにはインターハイで全国に初出場しました。さらにその翌年に、選手権初出場を果たすことになります。

サンガの子たちが来るようになってからは、翌年以降も後輩が続き、通える範囲に住む、大阪、奈良、滋賀の強豪ジュニアユースの子たちも来てくれるようになりました。

それ以前に中学生を勧誘していたときに、仲の良い宇治ＦＣの先輩に「選手に選んでもらえるチームになれよ」と言われたのですが、そのとおりになったなと思いました。

最終的に「この高校でやりたい」と選手に思ってもらうことが大切で、そのためには魅力のあるチームにならなければいけません。

そこで、中学生にわかりやすいキャッチフレーズや打ち出し方が必要だと感じたので、「京都橘はオランダ流のダッチフットボールをします」と、明確化して使っていました。

そうしたら、たまたま京都サンガのジュニアユースに順さんが来られて、アドバイスを頂くと同時に選手も来てくれるようになるという……。運が良かった以外のなにものでもありませんが、人との出会いや選択を間違わなかったことが、いまにつながっているのかなと思います。

関西のジュニアユースのクラブにも、立ち上げ当初からお世話になっています。仙頭がいたFCグリーンウェーブ（大阪）、元日本代表の柳本啓成さんが立ち上げた、YF NARA TESORO（奈良）。このチームには中野克哉がいました。

京都では衛藤元さん（元・長野パルセイロ監督／元・ザスパクサツ群馬コーチ）のVervento京都F.C.。小笠原唯志さん（現・長野パルセイロ監督）や檜山勇樹さん（元・セレッソ大阪）の宇治FC。こちらは小屋松の出身チームでもあります。大阪ではレオSCの子もよく来てくれています。

ジュニアユースの指導者の方々が、京都橘に良い選手を送ってくださっているからこそ、存分に指導をすることができています。この場を借りてお礼を言いたいです。

## 大舞台で憧れの先輩のチームと対戦

初めて選手権の京都府予選で決勝に進んだのが、2006年でした。相手は福知山成美高校。僕が小学生の頃に憧れていた、東稜高校出身の今川宣久さんが監督をされているチームです。初の選手権京都予選決勝は2対3で敗戦。今川さんと僕の恩師で、その試合をセンターラインをまたいで観ておられた由里先生からは「お前は来年、全国に行け」と言ってもらいました。

そして2007年にインターハイに初出場し、選手権予選も決勝に進んだのですが、1年生の森岡亮太（シャルルロワ／ベルギー）にゴールを決められ、久御山に0対1で負けてしまいました。

そして翌2008年、3度目の決勝進出を果たし、洛東に4対1で勝利。ようやく選手権に出場することができました。とはいえ、選手権では前橋育英に1回戦で敗れ、翌年から3年連続で出場を逃すことになってしまうのですが……。

その頃から、目標を聞かれると「全国で優勝すること」と答えていました。あるとき、立正大淞南高校（島根）の南健司監督にこう言われたことがあります。

「お前な、全然勝てへんときから、京都で優勝する、全国に行くって思ってへんかった？　なんのバックボーンもないのに、自信だけはあったやろ」と。

「いや、そんなことは……」と返したら「正直に言ってええで」と言われるので「ほんまは思ってました」と伝えると、「俺もそうやで。そう思ってるやつしか、全国に行かれへんという法則があんねん」と言われました。

振り返ってみると、世田谷学園の頃から「帝京に勝つからな」と言っていましたし、三重に行ったときも「四中工に勝つからな」と言っていました。

当時は若くて経験が浅かったので、怖いもの知らずの精神で言えた部分もあったと思います。いまは当時よりも正しく分析ができるので、リアルに力の差がわかってしまうのですが……（笑）。

# タチバナスタイル

Chapter

# 06

KYOTO TACHIBANA FOOTBALL CLUB

## 目指すのは、攻守にイニシアチブを握るサッカー

京都橘のベースになるシステムは4－4－2です。FWが縦関係の4－2－3－1にすることもありますが、基本は4－4－2です。

2020年には3バックをしたこともありましたが、ほかに4バックの4－3－3をするにしても、FW、MF、DFの3ラインで守備をするときに、どうしてもプレスをかけるスピードが遅くなります。守備はゾーンディフェンスが基本なので、3ラインを作りやすい4－4－2が、プレーモデルとしてあります。

チームとして、攻守にイニシアチブを取ることを目指しています。そのため、ボールを保持する時間を長くしたいと考えています。

例えばディフェンスラインでボールを動かして、サイドチェンジを繰り返すことがありますが、外から見ていると「前にボールを入れないので、相手からすると怖くはない」と感じるかもしれません。

しかし、これは攻撃のためではなく、守備のためにボールを保持しているのです。つまり、ボールを持ってディフェンスしていることになります。

そのようにしてボールを動かし、相手のFWに追いかけさせます。体力を削っていき、疲れ

て運動量がなくなってきたところで仕留めにかかります。

それをイメージして、センターバックがボランチにパスを出し、前に展開できる場面でもわざと下げたりして、相手を走らせるわけです。

その一場面を見て「橘のポゼッションは怖くない」と言われることもありますが、守備のためにボールを保持しているので、当然のことです。選手たちはその意味、理由をわかっているので、動じずにプレーしてくれています。

橘のスタイルを具現化するために、生命線となっている練習は「4対4＋2」や「4対4＋3」など、フリーマンを設定して、ボールを保持するトレーニングです。

ほかにも「5対5＋2」にして、サイコロの5のように選手を置き、守備をマンツーマンで行います。その状況で2人のフリーマンを使い、どうやってボールを保持し、相手をはがすかという練習です。この3つは基本の練習で、少しずつ形は変えますが、毎日のように取り組んでいます。

## サッカーで大学に行くことを目指す

基本的に練習は月曜日が休みで、土日のどちらかが試合です。練習は放課後16時〜18時の2

時間です。学校の校庭で練習をするときは、居残り練習は好きにやらせています。朝練は基本的にはしませんが、チームの状態によって「セットプレー」など、テーマを決めてすることもあります。その場合も45分程度で終わります。

勉強との両立も大切なテーマで、小テストや中テストで規定の点数を取ることができないと、放課後に補習を受けなくてはいけないのが学校のルールです。そうなると、部活の時間と重なり、練習に参加することができなくなってしまいます。

勉強面で大変だったのが永井建成です。朝のテストで規定点数を取れなかったら、放課後の練習に出ることができないことがわかっているので、選手権予選前などの大事な時期には、チームメイトから「絶対に点数取れよ」とハッパをかけられていました。

学校の特進コースの子たちは、6時間目の授業が終わったあとも、学校に残って夕方6時頃まで勉強をしています。サッカー部の子たちは、彼らが勉強をしている時間をサッカーに当てているので「サッカーで大学に行かなあかん。サッカーで進路を切り拓くんやで」と言っています。

その甲斐あって、プロへ進む選手以外の1学年25人全員が大学に行きます。だいたい、スポーツ推薦が15人、指定校推薦が10人といった割合です。

インターハイや選手権でベスト4に入ると、推薦を受けられる大学が増えます。というのも、

「推薦入学は全国ベスト4以上」などの規定がある大学が多いからです。

1年生の国体で全国ベスト4に入ると、すでに推薦の規定はクリアしているので、その後の進路選びは広がります。

進路先は京都橘大、同志社大、関西学院大、東洋大、関西大、龍谷大などが多いです。

多くの大学は、高校の成績がオール3以上なければ、スポーツ推薦でとってもらえません。そこまで学力が到達しない子は、サッカーの実力、実績だけで声をかけてくれる大学に行きます。

無理をして学力が釣り合わない大学に行くと、すごく苦労するので、そこの見極めは大事だと思っています。

## ボランチはコンビで考える

橘からプロになった選手はFW（アタッカー）とGKばかりなのですが、自分としてはボランチの選手へアドバイスをすることが多いです。理由は、ボランチが攻守の中心だと考えているからです。

ボールの受け方、立ち位置、セカンドボールの拾い方、攻撃の組み立てなど、様々な指示、アドバイスをします。

通常、ボランチはコンビで考えます。ボールをさばける選手とボールを奪える選手です。両方をひとりでできる選手がいれば良いですが、そんなスーパーな選手はなかなかいません。歴代で言えば、佐藤陽太（関西学院大）など、ほんの数人です。

ボランチには「普通のチームが1試合に得点チャンスを10回作るところ、うちは20回作ろう」という話をします。

そのチャンスを演出するのがボランチです。FWにボールを入れてサポートしたり、セカンドボールを拾って素早く前線に展開するといったプレーを通じて、得点に絡むことを求めます。

FWに求めることは、自分の特徴をしっかり理解することです。足元が得意ではない選手に、ドリブルで相手を抜いてシュートを打つことを要求しても、なかなかうまくはいかないでしょう。

仮にスピードが持ち味の選手であれば、相手の裏に抜け出すことを考えてワンタッチでゴールを狙う方が、得点の可能性は高くなります。

試合の映像を見ながら、全体ミーティングで「この場面はシュートを打ちたかったよね」などと話し合います。

映像を見ると共通理解が生まれやすいですし、その選手以外にも伝わります。そのため選手同士でビデオを見させ、考えさせることもあります。

プレーを見ていて「この選手は3ヶ月後にもっと良くなりそうだ」というのは、なんとなくわかります。「この感じで取り組んでいたら、伸びていくやろな」とピンと来るのです。

そのような選手は京都1部リーグで起用し、「この取り組みを続けていけば伸びるので、選手権には間に合うな」などとイメージします。リザーブに食い込んでくれると、選手起用や戦い方のバリエーションも増えるので期待しています。

1年生は、夏を越えると体ができ上がってきます。また、国体の経験も重要です。ミニ国体（ブロック予選）で厳しい試合を経験して、全国大会でベスト8ぐらいまで行くと、そこでの経験を生かし、選手権で途中から出場させてもそれなりにプレーできるようになります。

夏を越えると、選手権に向けたメンバー入り、レギュラー争いが白熱していきます。

下級生を起用するかどうかの基準は「上級生に遠慮しないか」が大事なポイントです。本気でレギュラーを目指しているかどうかを重視します。

夏を越えると、それまで遠慮していた下級生に欲が出てくるので、「この選手は変わりつつあるな」という段階で試合に起用することもあります。

上級生は下級生の突き上げに対し、「負けへん」と意地を見せたりと、チーム内でせめぎ合いがあるので、夏を過ぎて選手権予選に入るシーズンはおもしろいです。

## キャプテンは監督が決める

最近の選手たちは、プロ選手の受け答えを身近に見ていることも理由のひとつなのか、公の場で話をするときに、しっかりとした受け答えをするようになってきました。

とくにキャプテンは、歴代の小屋松、岩崎などはとくにそうですが「そこまで考えて喋ってんねや」と、こちらが驚くような配慮を見せる選手も少なくありません。

毎年、キャプテンは僕が決めています。小屋松や岩崎のように、「誰がどう見ても、この選手がキャプテンやろ」という選手もいれば、その選手の成長を考えてキャプテンを任せたりと、そのときによって様々です。

僕が任命することで、最終的な責任は僕が取るという意味もあります。キャプテンは1人、副キャプテンは1人〜4人と、その年によって違います。キャプテンが年代別代表に選ばれそうな選手であれば、不在のことを考えて、副キャプテンを多めにすることもあります。

チーム編成として、プリンスリーグに出るAチームがあって、その下に京都1部リーグに出るチーム、京都2部リーグに出るチームがあり、それぞれのキャプテンが全体の副キャプテンという位置づけです。

その中で、来年はこの選手をキャプテンにしようという候補がいると、2年生のうちに副キャプテンに任命して、中心選手である自覚を持たせ、来年の準備をするようにしています。浦和レッズに進む、木原励がそのタイプです。

キャプテンになると注目されますし、大勢の前でスピーチをすることも多いです。プレー面はもちろんのこと、人間的な面も加味します。そのため「注目されることに耐えられる選手」をキャプテンにしています。

## ユニフォームの色は変えて良い

伝統校には、チームカラーがあります。市立船橋の青、流経柏の赤、青森山田の緑など、昔から変わっていません。

京都橘はえんじが基本カラーですが、場合によって変えることがあります。沖縄インターハイのときは、オレンジ色のユニフォームを着ました。

これには理由があります。日本のみならず世界的に有名な、京都橘高校吹奏楽部のカラー（オレンジ）と同じにするためです。吹奏楽部は「オレンジの悪魔」という異名を持っており、演奏レベルの高さも相まって、存在感は圧倒的です。

そこでユニフォームのサプライヤーでもあるナイキの担当者から「インターハイでスタジア

高校サッカー部でユニフォームにスポンサーを入れたのは京都橘が初

ムをオレンジに染めましょう」と提案を受けました。

そのときに見せてくれたのが、サッカーのオランダ代表チームのサポーターが、オレンジのシャツを来て客席を埋め尽くしている写真です。

オレンジの迫力と綺麗さに圧倒されて「かっこいいですね。ぜひやりましょう」と言いました。ナイキが応援用のオレンジTシャツを用意してくれて、選手のユニフォームもオレンジにしました。伝統校ではできない、ユニフォームのカラーチェンジだと思います。

高校サッカー部のユニフォームにスポンサーを入れたのも、京都橘が日本で最初でした。2015年の話です。高円宮杯プレミアリーグ用のユニフォームに「ANA」(全日空)のロゴを入れさせてもらいました。

プレミアリーグで対戦するJユースのユニフォームには、スポンサーロゴがたくさん入っています。それを見て、「そういえば、高体連のチームでユニフォームにスポンサーを入れているチームはないな」と思っていたところ、大学サッカーのユニフォームにスポンサーを入れる活動をしている知り合いから「高校でもやりましょう」と提案を受けて、キリンメッツと東京西川(現・西川)のロゴを入れさせてもらうところからスタートしました。

そのときは代理店に間に入ってもらい、ユニフォームの制作費を出してもらうのと物品提供をしていただきました。

2021年のプリンスリーグ用のユニフォームの胸スペースには「ANA」が入っています。このときのユニフォームは、ロゴを目立たせるためと色合いの統一感を持たせるために黄色にしました。

ちなみにスクールカラーは紫で、バレー部、陸上部、サッカー部はえんじ、紺、白の3色をチームカラーとしています。とはいえサッカー部は僕が初代監督なので、フレキシブルに対応しています。

ユニフォームにスポンサーを入れることのように、いろいろなアイデアを外部の人からももらい、学校という場で実現していくことは、選手たちにも良い影響があると思っています。その方が楽しいですし、チーム愛にもつながると思いませんか？

ちなみに僕はＡＮＡが昔から好きで、飛行機に乗るときは常にＡＮＡです。岩崎が３年生のときの広島インターハイでは、２回戦で日本航空（山梨）と対戦しました。ＪＡＬ対ＡＮＡです。うちは足元でボールをつなぐことをベースに挑んだのですが、日本航空の空中戦にやられました（笑）。

## ＴＡＣＨＩＢＡＮＡクラブでＯＢからの応援を募る

京都橘高校サッカー部にはホームページがあります。サッカー部の情報発信の場であり、卒業生とつながりを持つために作ったＷｅｂサイトです。

国内外で活躍するＯＢが増え、中にはサッカー選手としてチャレンジしている人もいるので、海外でも見ることができるようにという考えもあり、制作しました。

また、何かあったときに連絡がとれるような、情報が共有できるようなサイトになればいいなとも思っています。

そのホームページの中に「ＴＡＣＨＩＢＡＮＡクラブ」というカテゴリーがあります。そこは有料会員の設定にしていて、１ヶ月５００円。昼ごはん一食分程度の価格にしています。そこで得たお金は、チームの活動費に充てさせてもらっています。

TACHIBANAクラブには、試合前のロッカールームの様子など、普段は見ることのできないコンテンツを掲載しています。それをOBが見て「俺らのときもこうやったな」「米澤のこの感じ、変わってへんな」とか言いながら、楽しんでもらえたらうれしいです。

後輩たちが頑張っている姿を見ると、OBの刺激にもなるでしょう。お互いに刺激を与えることができれば最高です。選手権に出たときに、TACHIBANAクラブを見てOBが差し入れをしてくれたりなど、現役との接点を増やすことも狙いのひとつです。

ほかにもコンテンツとして、1年生用のベーシックな考え方を掲載しています。サッカー部の哲学、攻撃、守備という3項目です。これは選手に対して、ミーティングで話している内容を収録しました。

この取り組みは、2020年に始めました。一度、映像で残しておけば、翌年に入学する選手もそれを見て、参考にすることができます。これはマネージャーのアイデアです。

TACHIBANAクラブの人気コンテンツが「マネージャー日記」です。選手と違って、マネージャーは全国大会の成績が良くても、推薦で大学に行くことができるわけではありません。でも、その経験は決して無駄ではないと思っているので、大学入試の面接のときに、サッカー部でこんなことをしてきましたという話ができると、プラスになるのではないかと思っています。

ＴＡＣＨＩＢＡＮＡクラブの企画を考えることや、映像を作ったり、日記を書いたりといったことは、将来の仕事に役立つかもしれません。

岩崎悠人の代でマネージャーをしていた竹部亜美は、僕の知人で株式会社敬相の代表取締役を務める櫛田祐造の会社に就職し、サッカー大会の運営をしています。

彼女は高校時代にマネージャーとして、様々な遠征や大会を経験してきました。高校サッカーとはどういうものかを理解していますし、強豪校の先生方の顔と名前も一致しています。大会運営会社にとっては、即戦力の人材です。

京都橘の遠征に帯同し、各地の強豪校の先生方にあいさつをして回っています。２０２１年の夏はインターハイには出られませんでしたが、竹部がフェスティバルを開催してくれて、強豪校と試合をすることができました。これも、ＯＢがチームに貢献してくれた例といえるでしょう。

このようにして、京都橘の輪が広まっていくと、僕としてもうれしいですし、選手だけでなくマネージャーの将来も良いものになってくれたらと思い、活動しています。

## ＳＮＳは時期を決めて使用ＯＫ

ＴｗｉｔｔｅｒなどのＳＮＳの使用は、基本的にはＯＫにしています。ただ、選手権の予選から全国大会が終わるまではＮＧにしています。

例外は京都府予選で優勝した日。この日は応援してくれた方々や、小中時代にお世話になった監督やコーチなどに感謝を伝える手段として、使ってほしいと思っています。

選手権期間中はＮＧにしているのは、いろいろな立場の選手がいる中で、意識をひとつに向けることが難しくなるからです。

スタメンで試合に出続けている3年生と、スタンドで応援している1年生とでは、どうしてもモチベーションに差があります。チームとしてのベクトルを合わせるのは、監督として当然すべきことなのですが、ＳＮＳの投稿がきっかけで選手の意識が外へ向いたり、言葉尻や揚げ足を取られて、余計なところにエネルギーを使うのは得策ではないと感じています。

僕としても管理すべき事柄が増えてしまうので、チームとして集中を高めていきたい、選手権期間中はＮＧにしています。

過去に、スタンドで応援している1年生が、応援風景をＳＮＳに投稿したことがありました。それを見たキャプテンが「俺たちは毎試合真剣にやってんのに、なにチャラくあげとんねん」

と怒ったことがありました。投稿した子からすると、悪気はなかったと思いますが、ピッチ内外でどんな反応があるかがわからないので、選手権期間中はＮＧにしています。

## 部活動の一環としてサッカーをする意味

京都橘はスポーツに力を入れている学校ではありません。普通の高校よりも小さいサイズの校庭（土のグラウンド）で練習していますし、よく使用させていただいている、伏見桃山城運動公園多目的グラウンドも土のグラウンドです。

２０２２年３月に人工芝グラウンドが完成しますが、選手権で準優勝したり、インターハイで３位になった経歴と照らし合わせると、環境面で驚かれることも多いです。

環境で言えば、全国レベルのバレー部も陸上部も、サッカー部と似たようなもの。その環境で工夫して、結果を出されているバレー部、陸上部の先生方はすごいと思います。

２０１９年、僕は高校３年生の担任をしていました。このときはバレー、陸上、サッカーと３つの部活が沖縄インターハイで全国３位でした。

担任をしているクラスには、バレーのユース代表のキャプテンや高校選抜のキャプテンがいて、Ｖリーグ入りが決まっている選手、年代別代表に選ばれている選手もいました。

特別、スポーツに力を入れている学校でもないのに、ちょっとありえへんなと冷静に見て思いました。これはバレー部の三輪先生が作った風土だと思います。

サッカー部、バレー部、陸上部は全国大会に行くのが当たり前。京都予選で優勝すると喜びよりも安堵の気持ちの方が大きいです。それはきっと、他の部活の人たちも同じでしょう。部活の垣根を越えて、チームワークならぬクラブワークができています。互いに刺激を受け合い、切磋琢磨できる環境があるのが、京都橘の良いところだと思います。

普段の練習は学校の土のグラウンド。女子サッカー部と半々で使うことも

他の部活が、恵まれているとは言えない練習環境で結果を出しているので、僕としても「学校の校庭が土だから……」などの言い訳はできないのです。バレー部はずっとバトミントン部とバスケット部と体育館のスペースを半々にしてトレーニングをしていましたから。

僕らも女子サッカー部と半々でグラウンドを使うこともあります。全国大会の常連校で、プリンスリーグに参加しているチームの練習風景とは思えないです（笑）。女子がキャッキャ言いながら練習している隣で、Jリーグに行くような選手が練習しているわけですから。

それも学校教育の一環として取り組む、部活動のいいところだと思います。全国大会に出たときに、女子サッカー部の子たちが一生懸命応援してくれます。バレー部の応援も学校をあげて行きます。

学校としてみんなで何かをやるという風土があって、その筆頭が吹奏楽部です。素晴らしい演奏で、大きなスタジアムであってもホームの雰囲気にしてくれます。日本はもとより、海外でも高く評価されている、京都橘の誇りです。

そんな吹奏楽部が全国大会の客席に来てくれると、チームの雰囲気も俄然良くなりますし、選手の背中を押してくれます。高いモチベーションで試合に臨むことができるので、いつも感謝しています。余談ですが、高校サッカーの試合なのに、吹奏楽部を見るために京都橘の試合観戦に来る、ファンの方もおられるようです。

## 応援してもらえる選手になる

2020年度の選手権はコロナの影響で、吹奏楽部を筆頭とした、学校からの応援団が来ることができませんでした。その代わりに、学校の全クラブが応援動画を作ってくれました。

その動画を、選手権初戦の前日に全員で見ました。それを見て、「これはあかん。このあと喋られへん」と思いました。それぐらい感動して、涙が出そうになっていたのです。自分たちの活動も忙しい中、サッカー部に見られないように、こっそり撮影してくれたそうです。

この映像をみんなで見たあとに「こんなにたくさんの人たちが応援してくれてるんや。愛されるクラブにならなあかんのがわかるやろ」と言いました。「サッカーだけしていたらいい、サッカーだけが上手いだけじゃあかんねんで」と。

京都橘には勉強の特進クラスはありますが、スポーツ推薦生が集まるスポーツクラスはありません。同級生は、受験して入学してきた、いわゆる普通の子たちばかりです。

僕は中学生をスカウトするときに、いつもこう言っています。

「高3のときの選手権に、同じクラスの子が何人応援に来てくれるか。これがサッカー部の価値や」。クラスの中には、部活をしていない子もいます。毎年そういう子が、夜行バスに乗って応援に来てくれます。

そういう子たちと仲良くなって「あいつらが全国大会に出るんやったら、応援いこかな」と思わせなあかんと。その応援が試合中、背中を押してくれて、ここ一番の力になるわけです。だから選手たちには「みんなから応援される高校生活を送ろうな」と言います。

応援されることはすごく大切で、サッカーだけをしていて、上手ければいいだろうという考えは危険です。過去にプロになった選手たちにも、そう伝えてきました。

みんな「プロになりたい」と言いますが、クラスにいるような子たちがサポーターになって、チケットやグッズを買ってくれるわけです。

「プロになったとして、お前の給料はどっから出るんや。観客のチケットやで。そういう人たちに、応援されるようにならなあかんで」。そんな話をよくしています。

このようにして、サッカーのことを好きになる人が増えることが、日本サッカーの発展につながっていきます。そこに貢献する人がプロ選手なわけです。プロなるということは、そういう存在になることなんです。

とくに高校生は、そこまで想像が及ばないので、しっかりと説明します。「サッカーが上手かったらプロになれるんやろう」と思っているかもしれませんが、上手いだけでは、プロになっても長続きしませんし、引退後はきっと苦労するでしょう。

サッカーはチームスポーツであり、サッカーは社会の中にあるものです。社会から逸脱すると応援してもらえなくなってしまいます。そのあたりの考え方は、プロになる選手にはとくに知っておいてほしいので、必ず伝えています。

## 2021年4月にジュニアユースを立ち上げる

2021年にジュニアユースの「ウィザーズ フットボールクラブ」を作りました。京都の子どもたちに良いサッカー環境を提供できると思いますし、1年生から毎年積み上げていくのも楽しみです。

高校の強化の面でも、ジュニアユースは有効です。近年の高校選手権で上位に進む高校の多くが、付属の中学校があったり、クラブチームを持っています。青森山田、静岡学園、帝京長岡、矢板中央（栃木）、昌平……。これらの学校は、6年計画で選手を育成しています。

中学3年生と高校1年生が定期的に試合をすると、うまくなる速度も変わってきます。三重県で小学生を指導していたときに、中学生とよく試合をさせてもらっていたのですが、それを実感しました。

ウィザーズの監督やコーチは京都橘高校サッカー部のコーチを兼任しているので、今後はウィザーズから京都橘へという流れができると思います。

2021年に中学1年生が25人入ってきてくれて、1期生がスタートしました。毎年25人をめどに受け入れ、2023年に3学年が揃う予定です。

普段、高校生を指導している僕ですが、たまに中学生を見ると、無限の伸びしろを感じます。

こちらが教えたことを真似して、すぐに吸収しますし、成長スピードも早いので、みるみる上達していく様子が見て取れます。

ジュニアユース（中学1年生）の監督は、京都橘高校のコーチをしている小池啓介（元・デンソー）が担当しているので、高校でしてきたことを、中学生用にアレンジしてやってくれています。

中学生の指導に関しては、僕が「これをしてほしい」とトップダウンで伝えるのではなく、それぞれのコーチなりにアレンジして、個性を出しながらも、最終的に高校にどうつなげていくかを考えてやってくれたらと思っています。

指導者も、僕の教え子や橘で指導してきたコーチだけでなく、いろいろな血を入れたいと思っています。それが僕らの勉強にもなりますし、思いもよらない選手が育ってくるのではないかとワクワクしています。

中学生と高校生の交流も積極的に行っています。メンバーをミックスして試合をすることもあるのですが、子ども以上に保護者が喜んでいます。選手権など、テレビで見ていたお兄ちゃんたちと、中学生の我が子が一緒にプレーをしているので、ずっと写真を撮っています（笑）。

今後の京都橘はウィザーズの子たちと外部の子たちをミックスさせて、強化および活性化できればと思っています。

3年前から、内田哲兵（元・ヴァンフォーレ甲府）にスカウトをお願いしています。彼とはサッカー観が合い、京都橘のサッカーと歴史をよく理解してくれています。チームのウィークポイントに対して、指摘やアドバイスもしてくれます。僕に意見してくれる、ありがたい存在です。

彼がスカウトをして京都橘に入ってきた選手は、高校の主力になっているのでありがたいです。いまではチームに欠かすことのできない存在です。

京都橘に入学希望の選手は、必ず練習に参加をしてもらっています。チームの指導者から連絡をしていただき、スケジュール調整をして、参加してもらっています。そのほかには年に1回、夏休みに練習会をおこなっています。サッカー部のホームページに練習会の予定を掲載するので、興味のある方はこまめにチェックしていただけたらと思います。

中学生を見るときは、いろんな観点で見ることを心がけています。高校から大学、あるいはプロへと進むためには、ある程度のサイズも必要なので、体が大きくなりそうかという視点でもチェックします。

ほかにも「この子はコンバートできるかな？」という観点で見ています。よくあるケースが、中学時代はボランチでプレーしていたサイズのある選手を、高校でセンターバックにコンバートすることです。中学時代にボールをさばく経験を持ちながら、上下にアップダウンできる子をセンターバックで起用したいという考えがあります。

体の小さい子であれば、スピードは絶対に必要です。走るスピードだけでなく、考えるスピードやターンにキレがあり、相手が近くにいてもプレッシャーを感じずに前を向くことができる選手は、橘が目指しているサッカーに必要です。仙頭や小屋松がそのタイプでした。後ろ向きでボールを回していても相手は怖くないので、ボールを持ったら前を向いて、攻撃のアクセルを入れることのできる選手は重宝します。

## 中学生に選ばれるチームになるために

京都橘には寮がないため、通える範囲に住んでいる子だけが入学することができます。西野太陽のように、「どうしても橘でサッカーがしたい」と、家族と一緒に徳島から京都に引っ越してくる子もいますが、それは例外でしょう。

とはいえ、近隣には大阪、滋賀、奈良、兵庫があり、交通網が張り巡らされているので、京都以外の選手もたくさん来てくれています。

中学生に選ばれるチームになるためには、サッカーのトレンドをつかみながら、ブランドを確立していくことが重要だと考えています。

「京都橘の、あのサッカーがしたい」「憧れの○○選手みたいになりたい」「えんじのユニフォームを着たい」と思ってもらうためには、現在の選手を上手くすること。そして魅力あるサッカーをすることが大事だと思っています。

僕はよく「うちに来てくれた選手を上手くするのがスカウトや」と言ってますが、京都橘に行った先輩を見て、「自分も○○先輩みたいになりたい」と思って来てくれたらうれしいです。

チームとしてのカラーを打ち出しながら、それを外に発信して、いろんな人に知ってもらうこともポイントになります。

インターネットやSNSが発達している現代は、隠していてもしょうがありません。それよりも「僕たちはこういう取り組みをしていますよ」と、見てもらう時代です。こちらから発信しないと、世の中にはたくさんの情報があふれているので、忘れられてしまいます。だからこそ情報をオープンにすることが大切なのです。

見られることが前提になると、選手たちの意識も変わっていきます。おかしなことをすると、反応がダイレクトに届きます。それもひとつの経験です。

いまはSNSを通じて、自分たちで情報を発信することができます。「京都橘はこういう取り組みをしているんだ」「こういう考えで、こういうサッカーをしているんだ」とわかってもらうことが、応援してくれる人を増やすことにつながりますし、「京都橘でサッカーがしたい」

と思ってもらえる中学生が増えることにもつながります。

多くの中学生が、夢や希望を持って入学してきてくれます。セレクションやスカウトを行う中で重視していることが2つあります。それが、サッカー選手として特徴があること。そしてサッカーが大好きなことです。

高校生になると競争が激しくなるので、試合に出られなくなることもあります。トレーニングをする中で、体力的にキツイこともあるでしょう。

そうなったときに重要なのが、サッカーが本当に好きかどうかです。

それがベースにあれば、大抵のことはどうにかなります。頑張って、地道に取り組むことができれば、成長期なので体も大きくなり、フィジカルもついてきます。

現代サッカーはフィジカルが要求されるので、その部分に取り組むことができるのも大事な要素です。

当然、高校生なので成長に個人差はあります。小さい子であればスピードがある、大きくても、敏捷性があって走れるなど、フィジカル的な面が求められる時代です。

選手個人の特徴、身体的素養がベースにあって、人間性、パーソナリティが備わっている選手はプロへの道が開けていきます。

選手には「プロになるためには、人に好かれることが大事やで」とよく言っていますが、それは練習参加してくれる中学生にも当てはまります。

これは僕が受ける第一印象ですが、同じ能力の選手がいたならば、感じのいい選手を選びます。サッカーはチームスポーツですし、「あの選手と一緒にプレーしたい」と先輩たちが思わないとダメですよね。実際、「先生、あの選手は絶対獲ってください」と、現役選手が言ってきたこともあります。繰り返しお伝えしていますが、サッカーだけが上手ければいいという考えはありません。

## 念願の専用グラウンド完成

僕は京都橘大学サッカー部の総監督もさせてもらっています。

大学は強化を始めて5年目。関西2部リーグまで上がって来ました。毎年5人ほど、京都橘高校の中心選手が進学しています。

2022年3月、京都橘大学の敷地に人工芝グラウンドが完成します。フットサル場やビーチサッカー場、クラブハウスなどもあり、高校が練習しているときに、ジュニアユースのスタッフたちは小学生のスクールができます。

これまで、他の強豪校と比べて環境面がネックになっていましたが、グラウンドが完成したあかつきには、選手にとってより良い環境でサッカーができるようになります。

ただし、環境が良くなったからといって、試合で勝てるようになるかは別物なので、そこは履き違えないようにしたいです。ハード面の環境は大事ですが、一番大切なのはソフト面。つまり人の方です。

選手たちには「環境が良ければ、全国に行けるのか?」という話をしています。土のグラウンドであれ、サッカーができることにまず感謝してほしい。そこは人工芝グラウンドが完成しても、言い続けなくてはいけないと思っています。

# 特別対談

**岩崎悠人（サガン鳥栖）**

「米澤先生が事あるごとに意識を上げてくれる言葉をかけてくれていた
高校時代は、毎日が刺激的でした」

**仙頭啓矢（サガン鳥栖）×小屋松知哉（サガン鳥栖）**

「高校時代は人として、サッカー選手として、どうあるべきかを学ぶことが出来た」（仙頭）
「橘に行ったから、プロになれたし、いまでもプロとして生き残れていると思う」（小屋松）

**中村順（大宮アルディージャアカデミーダイレクター）**

「選手権優勝を目指すと同時に、
日本代表で活躍するような選手の輩出を目指してほしい」

Chapter

# 07

「米澤先生が事あるごとに
意識を上げてくれる
言葉をかけてくれていた
高校時代は、
毎日が刺激的でした」

©SAGAN DREAMS CO.,LTD

# 岩崎悠人 × 米澤一成

岩崎は高校入学前からプリンスリーグの試合で起用するほど能力が高く、将来性に溢れた選手でした。期待通り、順調にステップアップし、チームの中心として活躍してくれました。

インターハイや選手権など、大一番でゴールを決める勝負強さは一級品で「そういう星のもとに生まれてきたんやな」と、何度も感心させられました。

学校の人気者で、周囲に良い影響を与えてくれた選手でした。彼が橘に残した伝説は数知れません。

卒業後は京都サンガに進み、現在はサガン鳥栖でふたりの先輩とともにプレーしています。さらなる飛躍を期待する選手です。

岩崎悠人（いわさき・ゆうと）1998年、滋賀県生まれ。金城ＪＦＣ→ＪＦＡアカデミー福島→彦根市立中央中学→京都橘高校→京都サンガ→コンサドーレ札幌→湘南ベルマーレ→コンサドーレ札幌→ジェフユナイテッド千葉→コンサドーレ札幌→サガン鳥栖。

米澤……どうですか、調子は？

岩崎……いい感じです。鳥栖に来てから体も動くし、サッカーも勉強させてもらって、充実した毎日を送れています。

米澤……あのふたりもいるしね。

岩崎……（仙頭）啓矢くんと（小屋松）知哉くんがいてくれたので、チームへの馴染み方が全然違いました。ピッチ外でも面倒を見てくれるので、すごく助けてもらっています。試合に絡ませてもらってるのも、あのふたりのおかげだなって。

米澤……悠人はふたりとは、高校時代は重なっていないけど、同じ橘出身ということでプレー面もやりやすい？

岩崎……やりやすいですね。京都で一緒にやっていたのもありますけど、ふたりのことを見てきた時間が長いので。選手権で活躍していたときから見ていますから。憧れの存在でしたし、どういうプレーをするかもわかっているので、合わせやすいです。

米澤……それはええことやね。高校時代の思い出っていうと、何が思い浮かぶ？

岩崎……1年生のときの思い出が一番強いです。入学前に、プレミアリーグでスタメンで使ってもらっていたじゃないですか。最初は何もできなかったんですけど、最後のガンバ戦で点を決めて、チームが勝ったりして。感動的な思い出が多いです。

米澤……意外やな。3年のときじゃないんや？

岩崎……3年のときの選手権予選準決勝・東山戦のハーフタイムで泣いたことも覚えています。前半負けてて、後半逆転した試合なんですけど、仲間のためにも絶対に負けたくない気持ちがありました。客席のみんなが応援してくれているのに、前半は何もできなかったので、不甲斐ない気持ちで涙が出てきて……。

米澤……それで後半、2発決めたもんな。俺は3年のときのインターハイ京都府予選・

準々決勝の福知山戦のことが印象に残ってる。悠人が年代別代表の国際大会のメンバーに選ばれて、インターハイ予選に出るか、代表に行くかで悩んでいたとき。ミーティングでみんな泣いていて、あのチームの輪の感じはすごかったよ。

岩崎……あれはやばかったですね。僕のことをそれほど考えてくれてるんやって、みんなの意見を聞いて感動しました。「日本を代表して頑張ってほしい」みたいに言ってくれて。でも僕としては、みんなのことが好きやったんで、橘でしっかり結果を残したいっていう気持ちがあったんです。

米澤……あれは安っすい青春ドラマやったな（笑）。ほんまに感動したもん。あんな雰囲気になるとは思わんかった。

岩崎……ほんまにそうですね。

米澤……他の選手たちは「悠人がいなくても勝つから」ぐらいのことを言ってたけど、実際、試合は後半30分まで0対0。悠人のボレーシュートが決まらんかったら終わってたで。

岩崎……苦戦しましたよね。

米澤……選手権の思い出はなんかある？

岩崎……3年のときの市船戦ですね。お客さんがたくさん入って、立ち見の人もいるほどでした。メディアの人から「事実上の決勝戦」と言われるほど注目される中で、3年間を共にした仲間たちと全力でぶつかっていけた。あの試合のことは忘れられないです。

米澤……市船戦は、俺もかなり印象に残ってる。選手が蹴るボールの音が、明らかに他の試合とは違ったんよ。「バチン」という強い音が鳴ってた。自分の中で、悠人がいた3年間はかなり濃かった気がする。いろんな伝説を残したよな。

岩崎……ほんまですか？　うれしいです。

米澤……サッカー部だけでなく、学校の先生方も、悠人の姿を見て「プロに行くのはこういう子なんや」という基準ができたと思う。それも結構高い基準が。ほんまに先生、生徒、保護者、みんなから応援されてたやんか。

岩崎……ありがたいです。

米澤……いまの選手たちにも「高校時代の悠人はな――」って話をさせてもらってる。その伝説というか歴史をつないでいくのも大事なことやんか。代表活動で忙しい中、勉強もちゃんとやってたもんな?

岩崎……テスト勉強は頑張りましたね。なかなか学校に行けない中で、テストもやらなあかんっていうのは、めっちゃしんどかったです。

©SAGAN DREAMS CO.,LTD

米澤……プライドというか根性でやってたよな。

岩崎……クラスメイトがノートを取ってくれて、代表の遠征で海外にいるときに、写真を撮って送ってくれるんです。それを見て勉強してました。ほんと、周りのおかげです。

米澤……それも悠人が頑張ってたからやと思うで。これだけサッカーも勉強も頑張ってんねんから、協力したらなあかんって、周りに思わせたんやと思う。キャプテンとして、プレーでも精神的な部分でもみんなを引っ張っていたし、学校生活でも存在感があったよな。

岩崎……照れますね。

米澤……高校入学前に、綾羽高校との試合で途中から使ったら、ハットトリックしたもんな。飛び級で使いたいぐらいやった。（小屋松）知哉らの代に悠人がいたら、選手権で優勝してたんちゃうかなって思う。体作りにしても、1年生のときから意欲的にやってたよな。その姿を見て、他の選手の意識が変わってきた部分もあったと思う。

岩崎……それは、米澤先生が環境を作ってくれたからでもありますよ。入学前から知哉くんを意識させられていましたし。トレーナーさんをチームに呼んでくれたりとか、事あるごとに、意識を上げてくれる言葉をかけてくれましたよね。だから、米澤先生に呼ばれるときはビビってましたもん。

米澤……うそつけ（笑）。

岩崎……本当です。何を言われるんやろうって。校内放送で「サッカー部の岩崎。米澤まで」と流れるじゃないですか。あれが流れたときは、ドキドキでしたもん。

米澤……なんでやねん。そんなキャラクターちゃうやろ。

岩崎……ほんまに、高校時代は毎日が刺激的でした。（滋賀県の）彦根の家を朝早くに出て、電車で寝過ごしたら終わりやし。

米澤……そんなん言いながら、「電車で腹筋してた」って目撃情報も入ってきたりするわけやんか。

岩崎……事務長に見られてたんですよね。

米澤……そうやで。「米澤先生、岩崎はすごいな。電車で揺れてるやつがおるって見に行ったら、岩崎が腹筋してたで」って（笑）。

岩崎……問題児ですね（笑）。そんなん言うて、米澤先生のキャラクターも良いじゃないですか。愛されキャラみたいな。

米澤……なんでやねん。それ悠人やろ。

岩崎……（仙頭）啓矢くんや（小屋松）知哉くんも先生を見て育っているから、愛されてるんじゃないかなって思いますね。

米澤……いやいや。そんなことないって。

岩崎……米澤先生の人脈というかサポートは、離れていても感じます。橘の選手は周りの人が助けてくれるというか、サポートしたい、助けたいと思ってもらえる選手が多いのかなって思います。

米澤……確かに俺も、周りの人に助けてもらいっぱなしやからな。みんなもそうなってくれたら嬉しいな。また良い人、レベルの高い人が助けてくれるんよ。

岩崎……ほんまに、めちゃくちゃそう思います。

米澤……悠人は人を惹きつける力、周りを変える力があると思うよ。久々に話したけど、高校時代と全然変わってへんな。

岩崎……そうですか?

米澤……爽やかさは高校時代のままやわ。多分、他のやつが言うたら、「もうええって、お前」ってなるのを、ぜんぜんそう思わせへんっていう。多分、内側から出るもんやな。

岩崎……そうですかね。自分ではわかんないですけど。

米澤……同級生はいまの悠人を見て、なんて言うてる？

岩崎……試合を見に来てくれることもあるんですけど、「お前がモチベーションになってる」と言ってくれるので、僕も頑張らなきゃなと思います。みんなが大学を卒業して働くようになって、改めて「プロで頑張ってるお前って、すごいんやな」みたいなことを言ってくれるんです。橘の友達とか周りにいた人たちに助けられて、頑張れてます。

米澤……橘の後輩に伝えたいことはある？

岩崎……サッカーで頑張るのはもちろんですが、月曜日の朝掃除とか、先輩方が作り上げてきた伝統は継続していってほしいですし、学校内での行動もサッカー部が引っ張っていけるように、良い影響を与えられるようになってほしいです。

米澤……ありがとう。２０２２年の3月に新しいグラウンドができる予定やから、オフのトレーニングに使ってもらったり、集える場所になるんちゃうかなと思ってます。また寄ってください。

岩崎……めっちゃ楽しみです。

米澤……悠人はもう1ランク、2ランク上の活躍ができる年齢になってきたと思う。いままで取り組んできたことは、そのときのためにあると信じて頑張ってほしい。鳥栖での活躍はもちろん、代表も目指してやってくれたらなと。期待しています。

岩崎……頑張ります。高校時代のように、勇気づけられる言葉を聞けて懐かしかったです。ありがとうございました。

「高校時代は人として、
サッカー選手として、
どうあるべきかを
学ぶことが出来た」（仙頭）

©SAGAN DREAMS CO.,LTD

「橘に行ったから、
プロになれたし、
いまでもプロとして
生き残れていると思う」（小屋松）

# 仙頭啓矢＆小屋松知哉 × 米澤一成

高校選手権で準優勝したときの立役者が仙頭啓矢と小屋松知哉です。

ふたりが選手権で見せた、1＋1が3にも4にもなるようなコンビネーションは、多くの人の胸に焼き付いているのではないでしょうか。

彼らのプレーに憧れて、後輩たちが続々と京都橘の門を叩いてくれました。いまに至る歴史を築いてくれた選手です。

仙頭は大学を経て、小屋松は高校卒業後にプロになり、現在は後輩の岩崎悠人とともにサガン鳥栖で活躍しています。僕にとって、思い出深い選手たちです。


仙頭啓矢（せんとう・けいや）1994年、大阪府生まれ。FCジョカーレ→ガンバ大阪門真ジュニア→FCグリーンウェーブ→京都橘高校→東洋大学→京都サンガ→横浜F・マリノス→京都サンガ→サガン鳥栖。

小屋松知哉（こやまつ・ともや）1995年、京都府生まれ。久御山バイソンズ→宇治FC→京都橘高校→名古屋グランパス→京都サンガ→サガン鳥栖。

米澤……高校時代の思い出っていうと、何が一番に思い浮かぶ？

仙頭……やっぱり選手権ですね。

米澤……決勝でPKを外したっていう思い出？（笑）

仙頭……それは一生忘れないですね。いまでもPKになるたびにフラッシュバックするので、できれば蹴りたくないです（笑）。

米澤……まあでも、あのときは啓矢も知哉も何をしてもハマったというか、ゾーンに入ってたよな。

仙頭……サッカーを楽しんでましたね。夢だった国立の舞台で、たくさんのお客さんの前でプレーできたのもうれしかったです。自分たちのサッカーが全国で通用するんやと実感しました。高校時代はほんまに濃い3年間でした。選手権以外にも、遠征先で米澤先生にめっちゃごはんを食べさせてもらった思い出とか、たくさんありますす（笑）。

米澤……懐かしいな。「なめたけあるで」ってよく言ってたな。

仙頭……めっちゃ食べてましたよね。そういう日々の積み重ねが、最後の選手権につながったと思うと感慨深いです。

米澤……啓矢の代で選手権に出られたのは大きかったよ。知哉の代は永井（建成）もいて、その下に（中野）克哉もいて、メンツ的に勝負せなあかんと思っていたから。そのためにも、絶対に啓矢の代で選手権に出たかった。それがあったから、知哉の代も3位になることができたんちゃうかなと思う。

仙頭……準優勝した次の年に3位になるのはすごいですよ。知哉のメンタルはほんまにすごい。

小屋松……キツかったですけどね。途中で何回も止めたいと思ったぐらい（笑）。

米澤……わかるよ。俺もほんまキツかったもん。

小屋松……２年生のときに楽しいサッカーをして、夢だった選手権で準優勝して、全部終わって京都に帰ってきたときに、現実に戻されたというか……。「来年、またイチからやらなあかんのか」って。その１年間はキツかったですね。

米澤……国立の素晴らしい舞台で試合をした後、土の桃山城グラウンドやもんな。

小屋松……荷物持って移動して。

米澤……知哉はキツかったと思うわ。２年生で選手権の得点王になって準優勝して、３年のときは相手に研究されて、毎試合厳しいマークにあって。何をしても、どこを歩いていても「小屋松や」って言われるしな。

小屋松……周りの見る目は変わりました

©SAGAN DREAMS CO.,LTD.

ね。高校選抜や年代別代表に行かせてもらって、学校で生活する時間も少なかったですし。ただ、僕らの代は真面目な選手が多くて、副キャプテンの3人が僕とチームの橋渡し役になってくれたんです。それはありがたかったですね。

米澤……知哉が代表でいないときに、他の選手が頑張ったよ。しかも、夏のインターハイは京都府予選で負けて、出られへんかったやん。あれでチームづくりを見つめ直すことができた。それがあったからこそ、選手権の3位にもつながったと思う。

小屋松……3年のときは苦しかったけど、啓矢くんの代で選手権を経験させてもらったのは大きかったです。啓矢くんたちは僕らに気を遣ってくれたというか、仲良くして

©SAGAN DREAMS CO.,LTD

もらって、いい空気感でプレーさせてもらいました。

米澤……今年の夏もインターハイで負けてしまったので、「知哉たちの代もインターハイで負けて、見つめ直して選手権で3位になったんや」という話はさせてもらった。それもあって、夏からの取り組みはだいぶ良くなってきたよ。

小屋松……人間性の部分はだいぶ鍛えられました。いまはおられないですけど、コーチの川上耕平先生（現・浦和学院高校サッカー部コーチ）や橋詰広太郎先生（現・京都橘大学サッカー部監督）にもいろいろ教えてもらいましたし。厳しい環境で3年間できたことは、人としても選手としても大きかったと思います。

仙頭……僕は高校時代、学校生活の部分で米澤先生にたくさん怒られましたけど、その経験はプロになったいまもすごく生きていて、応援してくれる人、支えてくれる人がいるからこそサッカーができているし、プロサッカー選手という職業が成り立っているんだなと強く思います。高校時代は人として、サッカー選手として、どうあるかを学ぶことができた時間でした。

米澤……他の学校、もしくはJユース出身選手との違いはある？

仙頭……先輩に対する気の遣い方というか、人付き合いのバランスのとり方は、高校サッカー出身の選手の方がうまいような気がします。鳥栖はユース出身の選手が多いので、余計にそう感じますね。

米澤……そうは言っても、うちはそんなにゴリゴリの上下関係はないやんか。

仙頭……先輩に対してリスペクトしながらも、友達のような関係というか、絶妙な塩梅でしたよね。準優勝のときも僕が3年、知哉が2年で、（中野）克哉が1年でいて、後輩たちは僕らにリスペクトがありつつラフな感じというか、意見を言いながらも、先輩を立てるところは立ててたりとか。人間関係のバランスも良かったと思います。3年と1年の間に知哉たちがいたから、バランスがとれていたのかもしれません。

米澤……知哉たちの学年は真面目な選手が多かったから、うまいこと調整役になってたのかもしれんな。

小屋松……啓矢くんの代は、みんな優しかったんですよ。ただ僕ら2年が克哉たち1年生に対して、「上の人たちは優しいけど、ある程度、リスペクトを持って接しよう」という話をしたのは覚えています。

米澤……先輩後輩の話で言うと、いい意味で距離を詰められるようになってほしいと思ってはいたかな。先輩が怖いから離れるんじゃなくて、「この接し方やったら大丈夫かな」とか、様子を見ながら距離を詰めていってほしい。プロに行ったら、何歳も上の人と距離を詰めなあかんかったりするわけやんか。

小屋松……そうですね。

米澤……サッカー選手は職業としてやっているから、そのへんはもっとシビアなわけで。自分も監督として、選手との距離感を気にしていた部分はあったよ。指導もするけど、ときには一緒にふざけられる関係性を作らなあかんなって。スタッフ同士の仲の良さも大事で、スタッフ間の雰囲気がいいと、選手もそうなると思っていた。

仙頭……米澤先生がバスを運転して、よく遠征に行ってましたよね。バスの中もすごい大事な時間で、キャプテンが米澤先生の横に座って、その会話を聞いてるだけで面白いというか、和むというか。

米澤……ほんまによう遠征に行ってたもんな。

仙頭……オフザピッチでの、監督と選手のコミュニケーションはすごく大事だと思います。オンザピッチでは監督としてリスペクトしたり、意識するところがあるんですけど、オフザピッチでの米澤先生の笑顔を見て、癒される部分はありました（笑）。

米澤……癒やされるって。そんなキャラクターちゃうやろ（笑）。

仙頭……こういう顔も見られるんやっていう安心感があったんです。米澤先生とコーチの人たちの会話を聞いているだけで面白かったですし。

小屋松……僕は高校を卒業してプロに入って、一番下っ端の自分が日本代表選手と一緒にプレーをする中で指導を受けたり、色々と言われたこともありましたが、高校時代、メンタル的に厳しい中でプレーをしてきた経験があったので大丈夫でした。ユース出身の選手はある意味、大切に育てられてきた選手が多いので、少し周りに言われると下を向いてしまうこともあったのですが、僕以外の高体連出身の選手も、周りに何を言われてもメンタル的に安定してプレーができていたように思います。

仙頭……高校時代に経験したことで、いまに生きていることはたくさんあるよな。そもそも僕は中学時代、目立った選手ではなかったので、京都橘以外の高校に行っていたら埋もれていたと思います。間違いなく、プロにはなれていなかったと思う。

小屋松……育成年代に出会う指導者って、すごく大切ですよね。僕も橘に行ったから、高卒でプロになれたし、いまでもプロとして生き残れているのかなと思います。もし他の高校に行っていたら、僕の性格的に大学まで行って、安定した就職先に進んでいたと思います（笑）。

米澤……知哉は勉強もできたからな。後輩へのメッセージはある？

仙頭……僕たちが成し遂げられなかった、全国優勝を達成してほしいです。あとは米澤先生をはじめ、先輩方が築き上げてきた橘の歴史をリスペクトして、サッカーと学校生活を頑張ってほしいと思います。

小屋松……全国優勝はもちろんですけど、橘の後輩とJ1の舞台で対戦したいです。市船、流経、青森山田とかはプロ選手がたくさんいるので、対戦相手に先輩がいたときに、あいさつに来るんです。それをぜひやってみたいです。プロ選手もそうですし、日本代表に入るような選手が出てきてくれたらなと思います。僕も頑張ります。

仙頭……米澤先生も、卒業してからも連絡をくれて、応援してくれてるしな。卒業してから思うのは、壁にぶつかったときに相談できるのはこういう存在の人やなって。高校時代は怒られたらどうしようとか、ビビってた部分もありましたけど(笑)。いまでも気にかけてくれるのはありがたいです。

米澤……OBが頑張ってくれているから、自分も頑張れる部分は間違いなくあるよ。年齢を重ねて体力的にしんどいときもあるけど、いまの子たちと一緒に頑張ろうっていう気にさせてくれてるのは、みんなのおかげやな。

小屋松……これからも、僕らにしてくれたように、後輩たちにもしてあげてほしいです。

仙頭……そうやな。

米澤……お互い、頑張ろうな。橘の後輩たちだけでなく、ふたりのことが好きで、憧れたり、応援している人たちもたくさんいると思うので、これからも周囲に良い影響を与えられる選手になってください。より一層の活躍を期待しています。

仙頭・小屋松……はい。ありがとうございました。

「選手権優勝を
目指すと同時に、
日本代表で
活躍するような
選手の輩出を
目指してほしい」

# 中村順×米澤一成

僕にサッカー指導のいろはを教えてくれたのが、中村順さんです。

お互い「オランダサッカー」という共通点があり、関西人ということで可愛がっていただきました。

順さんは僕の質問、疑問にすべて答えを持っていて「それはこうとちゃうか？」「こういうやり方もあるで」と教え、導いてくれました。僕にとって師匠のような人です。

順さんがいなければ、京都橘サッカー部の躍進はなかったかもしれません。それほど信頼し、尊敬している指導者です。


中村順（なかむら・じゅん）１９６６年、大阪府生まれ。大学卒業後、ケルンスポーツ大学に留学し、ドイツとオランダのサッカーを学ぶ。帰国後、通訳兼コーチとしてG大阪に加入。その後、仙台、千葉、京都などでコーチを歴任。京都時代の２００４年～２００６年はジュニアユースの監督を務めた。２００７年に大宮へ移り、ヘッドコーチとしてトップチームの指導に当たる。２００９年より、大宮のジュニアユースチーム監督、アカデミーダイレクター、育成部長を歴任。なでしこジャパンのコーチ、U‐23女子代表監督も務めた。

――ふたりの出会いを教えてください。

中村……私が京都サンガジュニアユースの監督をしていたときに、京都橘高校と練習試合をさせてもらったんですよね。

米澤……はい。2004年だったと思います。

中村……そこで、「これからチームを強化して、京都のサッカーを発展させていきたい」とおっしゃられたので、「なにかお役に立てることがあれば――」という話をしたのを覚えています。

米澤……京都教育大学附属京都中のグラウンドでしたよね。僕もそれはめっちゃ覚えています。

中村……それからしばらくして、米澤先生が「サンガジュニアユースの選手に、声をかけさせてもらっていいですか」とあいさつに来られたので、「選手の可能性が広がるんやったら、どうぞどうぞ」と話をさせてもらいました。

米澤……ほんまに、お世話になりっぱなしです。

中村……米澤先生は大学時代、アーリー・スカンスさんというオランダ人の監督さんからサッカーを学ばれて、「オランダスタイルのサッカーがしたいんです」と言っていましたよね。私もドイツとオランダでサッカーを勉強していたので、「米澤先生がそういう指導をされるのでしたら、サンガの選手たちもなじみやすいかもしれませんね」という話をして。

米澤……当時の京都には、そのようなスタイルの高校がなかったので、サンガの選手たちも「やりたいことができそうや」ということで、選んでくれたのだと思います。

中村……その頃、私が高校サッカー選手権の京都府予選を見に行くので、「先生、いまどちらにおられますか?」と電話をしたら「会場でチケットのもぎりをしています」と言うので「それも勉強ですなぁ」と軽口を言い合ったりね。

米澤……そんなこともありましたね（笑）。

中村……ほかにも、奈良産業大のグラウンドで京都府トレセンの試合をしているときに、大雨の中でレフェリーをしていたりと、地域の人たちに受け入れてもらうための地ならしをされていました。その姿を見て「この人は本気なんや。情熱があるんやな」と感じました。

米澤……ほんまに、懐かしい話です。15年以上前ですからね。僕としては、サンガの子たちが来てくれるようになったら、彼らから学ぶことがたくさんあるやろうなと思っていました。彼らは順さんの教えを学んできているので、僕が選手に伝えられへんようなことを、ピッチ上で具現化できるかもしれない。彼らを指導しながら、わからないことが出てきたら、順さんに「これはどうしたらいいですか?」と質問もしやすいなと。実際、質問攻めにしていましたよね?

中村……ファミレスでお酒も飲まんと、延々とサッカーの話をしていましたね。「先生、これはこうやで」って。

米澤……だから、僕にとって順さんは師匠なんです。順さんに出会わなかったら、サッカー指導に、ここまでおもしろさを感じていなかったと思います。それまで漠然と抱いていた、指導に対するモヤモヤを全部整理してもらいました。

中村……いまでこそ「ゲームモデルから逆算して指導をする」という考えが当たり前になっていますが、15年前にそのようなことを言っている日本の指導者は、ほとんどいなかったかもしれないですね。

米澤……ほんまにそうですよね。

中村……その頃から、僕や米澤先生の間には「ビッグピクチャー」という考え方がありましたよね。理想とするグランドデザインがあって、それをピッチで実現するために、このシステムでプレーをするという考え方です。各ポジションにはこういう特性があるから、このポジションにはこういう選手が必要で、こういう練習をしようという考え方で指導をしていました。

米澤……当時はゲームモデルという言葉こそ使っていませんでしたが、いま振り返ると、そういうことですね。

中村……その中で、米澤先生はサンガの子たちを見て、「このサッカーをしたいから、この選手に声をかけさせてください」というスカウトの仕方をされていました。上手い選手を上から順に獲ってきて「どんなサッカーができるんかな」ではなくて。それは多分、アーリー・スカンスさんから学んだ、サッカーのイメージがあったからだと思います。

米澤……順さんも僕も、オランダ人の影響を受けていますからね。そこは共通している部分だと思います。

中村……その考え方や枠組み、いまでいうゲームモデル、プレーモデルがしっかりしていたから、それほど飛び抜けた能力があったわけでもない選手が、高校に行って生きたんやろなと感じました。

米澤……それは順さんから学んだ部分でもあります。選手に「チームとしてどうなりたいか」というビジョンを伝えて、「だからこの練習をするんやで」という伝え方をされていたので、参考にさせてもらいました。それがあるから、選手のプレーを見ていても、考え方が整理されているなとわかるんです。順さんは「普通にやったら結果は出る」と、よう言うてはりましたよね。

中村……僕が米澤先生の指導を見ていてすごいなと思ったのは、サンガから京都橘に行った選手は、それほど特別な選手ではないんですよ。いまはクオリティの高い選手がサンガのジュニアユースに来てくれていますが、当時はそこまで能力の高い子は来てくれていなかったと思います。そういう選手を束ねて、適材適所に配置してチームを作っていたので、うまくマネジメントしているなと思って見ていました。

米澤……選手権に出るようになってから、大宮で事前合宿をさせてもらう中で、順さんにアドバイスをいただけたことも大きかったです。選手のプレーを見ながら「これはこうやな」「ここはこうした方がいいんちゃう?」みたいな話もよくさせてもらいましたし。対話を通じて、チーム作りや選手に対する考え方がブラッシュアップできた部分もあります。いつもすみません、お正月の休みの時期に。

中村……それはお互い様ですよ。大宮のジュニアユースが関西遠征するときに、京都橘高校に泊めてもらって、ご飯を食べさせてもらったり、夏は肝試し大会までしてくれるんですから。子どもたちと一緒にキャーキャー言いながら（笑）。

米澤……大宮の子たちに、なんか思い出を作ってあげたくって。うちの選手とマネージャーが頑張ってくれています。それで言うと、選手権のときに大宮で調整させてもらえるのは、ほんまにありがたいです。千葉会場のときも、一度大宮に入ってから移動するほどですから。

中村……僕もそうですし、大宮の他のスタッフも、京都橘の選手から学ぶこと、気づかされることはたくさんあります。僕が大宮のアカデミーダイレクターになったばかりの頃は、間近で京都橘の選手を見る中で、「技術や戦術も大事やけど、タフな選手やなかったらあかんなぁ」と学ばせてもらいました。遠征でも、いろんなところに行かれるじゃないですか？

米澤……昔は質より量で、いろいろなタイプのチームと試合をさせてもらっていました。費用の兼ね合いもあるので、3週間、一度も京都に帰らずにバスで関東を転々として、各地に泊まりながら試合をしたこともありました。

中村……我々Jクラブのアカデミーは、そこまではできません。米澤先生のところのように、タフな環境で戦っているチームに勝つためにはどうすればいいのだろう。同じことをしても駄目で、もっと強くなるために、何が必要なのかを考えさせられました。

米澤……順さんはそう言ってくれますが、僕からすると、大宮のサッカーは理想なんです。今年もフェスティバルで試合をさせてもらいましたが、選手たちに「決勝戦のつもりでやろう」と言いました。「大宮と試合をするために、ここまで来たんやで」と。うちの選手たちに、「大宮の選手たちは、こうやってプレーしているんや」と感じてほしかったんです。「ここに理想がある。こういうことをやりたいねん」とはっきり言いました。大宮にボールを握られて、なかなか奪うことはできませんでしたが、選手たちは楽しかったと言っていました。

中村……フェスティバルなどで各地のチームと試合をすると、気づくことがたくさんありますよね。僕は大阪出身でガンバ大阪を始め、仙台、千葉、京都を経て、いまは大宮アルディージャにいます。米澤先生は京都出身で大学が東京。その後、京都に戻られたじゃないですか。

米澤……そうですね。

中村……京都って、関西の中でも独特の文化やと思うんです。大阪とは明らかに違います。大阪は「おもろい」「おもろない」の文化で、サッカーも仕掛けることやアイデアが重視されますよね。だから、大阪からたくさんのアタッカーが出てくるんやと思っています。

米澤……それで言うと、橘からプロになった選手って、アタッカーとGKばかりなんです。僕の中で「アタッカーは才能や」と思っているので、アドバイスをしすぎないというか、選手に考えさせることのほうが多いです。指導者が言い過ぎないことが、クリエイティブなアタッカーを生み出す要因のひとつなのかもしれません。

中村……京都のサッカーって、東京の影響を大きく受けていると思うんです。それは京都出身の方が、東京を始めとする関東の大学に行って、そこで学んだものを京都に持ち帰って指導をされているからなのかなと。米澤先生もそうですよね？

米澤……まさにそのケースです。

中村……関東のサッカーは固い守備がベースにあって、プリンスリーグやプレミアリーグで対戦すると、ほとんど守備に穴が開かない。そこは関西との大きな違いです。

米澤……ハードワークがベースにありますよね。

中村……京都にもその文化を感じます。もしかしたら東京の、日本サッカー協会の中にある、デットマール・クラマーさんの教えが根づいているのかもしれません。ドイツスタイルというか、ハードワークする、1対1で負けないという文化。その影響を京都も強く受けているような気がしています。だから京都サンガにしても京都橘にしても、守備がすごく強い。

米澤……たしかに、うちが選手権で準優勝したときも、3位のときも、3ラインを作ってきっちり守備をして、前線の2人がハードワークして、ボランチがスペースを埋めてというスタイルでした。

中村……そのベースがある中で、ゾーンディフェンスを取り入れたから、はまったのかもしれません。米澤先生は京都サッカーの歴史、文化を踏まえた上で、現代サッカーをされているので、決して恵まれた環境とは言えない中で選手が育ち、チームとしての結果につながっているのかなと思います。ところで、次の目標はどう描いていますか？

米澤……京都橘サッカー部の10周年パーティーのときに、順さんにスピーチをしてもらいましたよね。そのときに「橘は関西のAクラスには来た。次は全国のAクラスになってほしい」と言われたことが強く残っています。

中村……当時思っていたのは、全国大会の常連になって、ベスト4に何回か入るようになればいいなということでした。それも叶って、仙頭や小屋松、岩崎など、J1で活躍する選手も出てきましたよね。これからは選手権の優勝を目指して頑張るのと同時に、日本代表やヨーロッパで活躍するような選手の輩出を目指してほしい。それこそ、勝利と育成の両立やと思うんです。

米澤……はい。

中村……育成やから勝ち負けは関係ないではなくて、勝利と選手の育成がつながるようになってほしいです。選手権優勝メンバーの中から、日本代表やヨーロッパでプレーする選手が出てきてくれたら、日本サッカーにとって大きなことだと思いますし、これから高校サッカーで頑張ろうという選手にとって大きなモチベーションになると思います。

米澤……そこは目指したいですし、目指さなあかんと思っています。順さんに改めてそう言ってもらえると、気が引き締まります。僕たちがそれにチャレンジして結果を出すことで、高校サッカーの価値や選手権の価値自体も上がるでしょうし、子どもたちの大きな目標になると思います。

中村……楽しみにしています。ようやく、人工芝グラウンドができるんですよね。

米澤……２０２２年の3月に完成予定です。

中村……京都橘の新しい章が始まりますね。

米澤……これまで専用のグラウンドを持ったことがなかったので、新たなチャレンジができると思います。ジュニアのスクールがあって、ジュニアユースもできたので、中学、高校、大学と一貫して、同じ場所でトレーニングができます。

中村……米澤先生の新たな夢、目標が、京都の子どもたちの夢につながるんじゃないかと思います。

米澤……そういう場所になったらいいなと思います。また相談させてください。

中村……世の中が落ち着いたら、またファミレスで話をしましょう（笑）。

米澤……ぜひ！　ありがとうございました。

あとがき

出版のお話をいただいたとき、全国優勝経験もなく、大御所でもない、僕のような指導者で大丈夫なのかと疑問が浮かびましたが、良い経験になると思い、深く考えずに引き受けました。

そのようなスタートでしたが、スポーツライターの鈴木智之さん、竹書房の柴田洋史さんの巧みな話の引き出し術により、何とか本になりました。本当にありがとうございました。

本を作る中で、たくさんの発見がありました。これまでの自分は、その場面、その日、その大会、その年と、一生懸命に目の前の課題に向き合ってきました。

時間軸を整理して歩みを振り返ると、原因や要因と結果が結びついていることがわかりました。そして、そのときの経験が次の決断につながっていたのです。

それと同時に、人との出会いと選択を間違わなかった、運の良い人生だと感じました。適切なタイミングで刺激をもらえる方と出会い、ターニングポイントで良い導きをしていただきました。そこだけは、胸を張って「もってるな」と言うことができます（笑）。

自分という個性は、いままで巡り合った人や、影響を受けた人から作られています。

たくさんの方々の出会いによって作られた個性、パーソナリティーだけでここまでやってきました。教員としても、指導者としてもまだまだ勉強不足ですが、選手や生徒に良い影響を与えられる存在になりたいと思っています。

京都橘高校に赴任してからの20年間を振り返ると、一生懸命で必死でした。「学びたい」「勝たせたい」の一心でした。

犠牲にしたものもありますが、たくさんのものを得ることができた自分は幸せ者です。

京都橘高校サッカー部は、高校選手権で準優勝、インターハイは全国3位が最高位です。毎年、最後は負けて引退していきます。

最後まで笑って終えたことはありませんが、ともに戦った選手たちは戦友です。それが自分の財産であり、ＯＢの活躍がエネルギーになっています。

京都橘高校の20年間で多くの人と繋がり、たくさんの感動をもらいました。高校サッカーは最高です。

僕はあと13年で定年退職を迎えます。「今年のチームは苦しいな」「今年のチームは勝負できる」などの話を、あと13回しかできません。

これまで培ってきた経験という名の財産を、13チーム分しか蓄積することができないのです。限られた時間の中で、これからもたくさんの人と繋がりを作り、感動を受け、与えられたらと思っています。

最後に、京都橘高校サッカー部の活動にご理解、ご協力をいただいた学校関係者のみなさま。スポンサーの方々。京都橘高校を選んでくれた選手、保護者のみなさま。スタッフ、両親、妻、娘には特に感謝を伝えたいです。

２０２１年末　米澤一成

米澤一成（よねざわ・かずなり）
京都橘高校サッカー部監督

1974年生まれ、京都府出身。京都府立東稜高校から日本体育大学へ進学。オランダ人のアーリー・スカンス元監督のもとでオランダサッカーを学び、卒業後、東京・世田谷学園高校で指導者のキャリアをスタートさせる。その後、三重・近畿大学工業高等専門学校を経て、2001年に創部された京都橘高校サッカー部監督に就任。2007年に全国高校総体初出場、2008年に全国高校サッカー選手権初出場。2012年度 第91回高校サッカー選手権では、同校初となる決勝に進出し、準優勝に輝く。翌2013年度高校サッカー選手権ではベスト4進出、そして2019年度のインターハイでもベスト4に進出するなど、京都橘を全国レベルの強豪校に育て上げた。その指導力は高く評価され、京都府国体少年男子のコーチや監督、日本高校サッカー選抜のコーチ経験を持つ。これまでに仙頭啓矢、小屋松知哉、岩崎悠人（ともにサガン鳥栖）、河合秀人（松本山雅）、中野克哉（京都サンガ）、西野太陽（徳島ヴォルティス）らを輩出。2022年シーズンから木原励が浦和レッズへ加入することが内定している。

# 組織の中で個を生かす京都橘イズム

二〇二一年十二月九日初版第一刷発行

著　者：米澤一成
発行人：後藤明信
発行所：株式会社 竹書房
〒一〇二-〇〇七五
東京都千代田区三番町八番地一
三番町東急ビル六階
E-mail info@takeshobo.co.jp
URL http://www.takeshobo.co.jp

印刷所：共同印刷株式会社

毎年のように
プロから声が掛かる
尖った人材を育む
育成哲学に迫る
「勝利」よりも「育成」

『興國高校式
Jリーガー育成メソッド』

大阪・興國高校サッカー部監督
内野智章
四六判並製200ページ
定価：1,760円（10% 税込）

磨き抜かれた
テクニックを武器に
激戦区・千葉で
異彩を放つ
技巧派軍団
中央学院高校
サッカー部の「挑戦」

『技術で応えられる
サッカー選手を育てる
中央学院高校の
教えすぎない育成哲学』

千葉・中央学院高校サッカー部監督
濵田寛之
四六判並製200ページ
定価：1,760円（10% 税込）